Lou Andreas-Salomé

FENITSCHKA

Lou Andreas-Salomé

FENITSCHKA

Eine Sommererzählung

Reclam

RECLAMS UNIVERSAL-BIBLIOTHEK Nr. 14374
2023 Philipp Reclam jun. Verlag GmbH,
Siemensstraße 32, 71254 Ditzingen
Gestaltung: Philipp Reclam jun. Verlag GmbH
Umschlagabbildung: Jean Béraud (1849–1935),
Un Figaro de rêve – Bridgeman Images
Druck und Bindung: Esser printSolutions GmbH,
Untere Sonnenstraße 5, 84030 Ergolding
Printed in Germany 2024
RECLAM, UNIVERSAL-BIBLIOTHEK und
RECLAMS UNIVERSAL-BIBLIOTHEK sind eingetragene Marken
der Philipp Reclam jun. GmbH & Co. KG, Stuttgart
ISBN 978-3-15-014374-2

Auch als E-Book erhältlich

www.reclam.de

FENITSCHKA

Es war im September, der stillsten Zeit des Pariser Lebens. Die vornehme Welt steckte in den Seebädern, die Fremden wurden scharenweise von der drückenden Hitze vertrieben. Trotzdem drängte sich an den schwülen Abenden auf den Boulevards eine so vielköpfige Menge, dass sie der Hochsaison jeder andern Stadt immer noch genügt hätte.

Max Werner flanierte nach Mitternacht über den Boulevard St. Michel, als er in eine kleine Gesellschaft ihm bekannter Familien hineingeriet. Sie hatten mit durchreisenden Freunden ein Theater besucht und wollten nun diesen Herren und Damen ein wenig »Paris bei Nacht« zeigen, – nämlich erst in einem charakteristischen Nachtcafé des Quartier Latin einkehren und dann, im Morgengrauen, um die Stunde, wo die Stadt schläft, den interessanten Trubel bei den Hallen betrachten, wenn der verödete Platz sich mit den Marktleuten belebt, die ihre Waren vom Lande einfahren und sie ausbreiten.

Nach einigem Zögern und Schwanken von Seiten der Damen entschied man sich für das Café Darcourt, das um diese Stunde schon überfüllt war mit den Grisetten und Studenten des Quartier, und besetzte ein paar der kleinen Marmortische draußen, die auf dem Trottoir, mitten unter den Passanten, an den weit geöffneten, hellerleuchteten Fenstern entlang standen.

Max Werner kam neben eine junge Russin zu sitzen, die er zum ersten Mal sah – ihren lang klingenden Namen überhörte er bei der Vorstellung, doch wurde sie von den anderen einfach als »Fenia« oder »Fénitschka« angeredet. In ihrem schwarzen nonnenhaften Kleidchen, das fast drollig unpariserisch ihre mittelgroße ganz unauffällige Gestalt umschloss und eine beliebte Tracht vieler Züricher Studentinnen sein sollte, machte sie zunächst auf ihn keinerlei besonderen Eindruck. Er musterte sie nur näher, weil ihn im Grunde alle Frauen ein wenig interessierten, wenn nicht den Mann, dann mindestens den Menschen in ihm, der seit einem Jahre doktoriert hatte und nun ein brennendes Verlangen besaß, in der Welt der Wirklichkeit praktisch Psychologie zu lernen, ehe er von einem Katheder herab welche las: was ihm einstweilen noch keine begehrenswerte Zukunft schien.

An Fenia fielen ihm nur die intelligenten braunen Augen auf, die jeden Gegenstand eigentümlich seelenoffen und klar – und jeden Menschen wie einen Gegenstand – anschauten, sowie der slawische Schnitt des Gesichtes mit der kurzen Nase: einer von Max Werners Lieblingsnasen, die da vernünftigen Platz zum Kusse lassen – was eine Nase doch gewiss tun soll.

Aber dieses gradezu blass gearbeitete, von Geistesanstrengungen zeugende Gesicht forderte so gar nicht zum Küssen auf.

Anfangs sprachen sie kaum miteinander, denn im Innern des Lokals, neben demselben Fenster, an dessen Außenseite sie saßen, spielte sich eine erregte Szene ab, die aller Aufmerksamkeit auf sich zog. Dort befanden sich zwei Pärchen am Tisch, die ihre Unterhaltung mit Scherzreden und Neckereien begannen und damit endeten, sich fürchterlich zu zanken.

Das eine der beiden Mädchen – wenig schön und am Verblühen, aber trotzdem ein unverwüstlich graziöses Pariser Köpfchen – wurde schließlich vom Gegenpaar mit einer Flut hässlicher Schmähreden überschüttet, ohne dass ihr eigener Begleiter ihr auch nur im mindesten beigestanden hätte. Vielmehr stimmte er bei jedem erneuten Angriff johlend in das brutale Gelächter der beiden andern ein, das sich bald auch auf die benachbarten Tische fortpflanzte, wo neben den erhitzten halbbezechten Männern die geputzten Genossinnen des misshandelten Geschöpfs mit lärmender Schadenfreude ihre Konkurrentin niederjubelten.

Durch die schwere, dumpfe, vom Tabakrauch und vom Dunst der Menschen, Gasflammen und Getränke erfüllte Luft des Lokals schallten die rohen Stimmen laut bis zu dem Tisch draußen hinüber, an dem es ganz still geworden war. Auf den Gesichtern der Damen prägten sich deutlich Mitleid, Ekel, Entrüstung und eine gewisse Verlegenheit darüber aus, einer solchen Situation beizuwohnen; eine von ihnen knüpfte furchtsam ihren Schleier fester. Niemand aber war so benommen von dem, was er sah, wie Fenia.

Sie hatte von allem Anfang an mit sachlichem Interesse um sich geblickt, jede Einzelheit, die ihr auffiel, mit großer Unbefangenheit beobachtet. Jetzt aber wurde sie ganz sichtlich von einer so intensiven Anteilnahme erfüllt, dass sie zuletzt – offenbar ganz unwillkürlich, wie außerstande länger passiv zu verharren – sich langsam erhob und die eine Hand gegen die Lärmenden ausstreckte, als müsse sie eingreifen oder Halt gebieten. Im selben Augenblick ward sie sich ihrer spontanen Bewegung bewusst, hielt sich zurück und errötete stark, wodurch sie plötzlich ganz lieb und kindlich und ein wenig hilflos aussah.

Während sie aber so dastand, traf ihr Blick den der Grisette, die in ihrer Ratlosigkeit und Verlassenheit angefangen hatte zu weinen, so dass große Tränen ihr über die heißen geschminkten Wangen rollten und ihre Lippen sich konvulsivisch verzogen. Unter dem langen, eigentümlichen Blick, den sie mit Fenia austauschte, veränderte sich der Ausdruck des weinenden Gesichts; von Fenias Augen schien eine Hilfe, eine Liebkosung, eine Aufrichtung auszugehn, etwas, was die Einsamkeit dieses getretenen Geschöpfes aufhob. Man konnte vom Tisch aus deutlich den Stimmungswechsel auf ihren Zügen verfolgen, denn sie saß fast grade gegenüber am Fenster. Ein Danken, Staunen, Nachsinnen – ein momentanes Taubwerden für ihre lärmende Umgebung und deren Schmähreden ließ ihre Tränen versiegen, und sie achtete kaum noch darauf, dass das Paar neben ihr sich erhob, um fortzugehn, und auch ihr Begleiter seinen schäbigen Zylinder vom Wandhaken abhob.

Da stieß er sie brutal mit dem Ellenbogen an und forderte sie auf, sich zu beeilen.

Sie schüttelte den Kopf und erwiderte einige Worte im Pariser Argot, die man draußen nicht deutlich vernehmen konnte, die aber eine äußerst deutliche Gebärde der Geringschätzung und Ablehnung begleitete. Er machte eine verdutzte Miene und rief dadurch neues Gelächter hervor. Diesmal jedoch galt es ihm, dem Geprellten, der mit wütendem Gesicht das Lokal verließ.

Das Mädchen nahm ihr fadenscheiniges Seidenmäntelchen von der Stuhllehne, hing es um und schaute dabei mit einem stolzen und leuchtenden Blick zu Fenia hinüber, die unbeweglich stehn geblieben war – eine ganz wunderlich ernste, ergriffene Gestalt inmitten der verschleierten Damen und der buntgekleideten, lachenden Dämchen umher.

Gleich darauf sah man ihren Schützling aus der Tür treten und am Tisch vorüberkommen. Aber da geschah etwas allen ganz Unerwartetes: denn neben Fenia blieb das Mädel stehn, öffnete die Lippen, wie um sie anzusprechen, und plötzlich, mit einer impulsiven Bewegung, deren Natürlichkeit eine mit sich fortreißende Anmut besaß, streckte sie Fenia beide Hände entgegen.

Diese ergriff die dargebotenen Hände und schüttelte sie mit herzhaftem Druck. Einige Augenblicke lang standen sie da und lächelten einander an wie Schwestern, während alle verblüfft, interessiert, amüsiert um die beiden herumsaßen. Dann entfernte sich das Mädchen mit einer Kopfneigung gegen die andern und verschwand im vorüberhastenden Menschenstrom.

Man lachte über das kleine Drama, man scherzte über Fenias »Erfolg« und neckte sie nicht wenig. Sie selbst war sehr einsilbig geworden.

Eine der Damen missverstand ihren ernsthaften Gesichtsausdruck und bemerkte:

»Ja, *chérie*, eine ziemlich unerbetene und unbequeme Freundschaft! Sie könnte Ihnen eines schönen Tages recht peinlich werden, wenn dies Wesen Sie irgendwo auf der Straße wiedertrifft und Sie auf das Intimste begrüßt – zur Überraschung derer, die vielleicht mit Ihnen gehen.«

»Das brauchen Sie nicht zu befürchten«, widersprach Max Werner rasch, »ich wette darauf, dass dieses Mädchen ohne merkbaren Gruß an Ihnen vorübergehen wird, falls es Ihnen je begegnet. Anderswo würden Sie vielleicht von ihrer Dankbarkeit verfolgt werden – die Französin würde es für eine schlechte Dankbarkeit halten, Sie eventuell dadurch zu kompromittieren. Das ist der französische Takt – der Takt einer alten Kultur, die allmählich bis in alle Schichten eines Volkes durchdringt und ihm seine fast instinktive Intelligenz gibt.«

»Ich würde sie aber gern wiedersehen!«, sagte Fenia leise.

»Um was zu tun?«

»Ich weiß es nicht. Aber was mich vorhin so entsetzte, das war das Gefühl, als ob diese Mädchen gleichmäßig sowohl von den Männern wie von den Genossinnen preisgegeben würden – als ob sie gradezu wie in Feindesland lebten. – Ich habe noch nie so viel höhnische Verachtung gesehen wie in den Mienen der Männer – so viel höhnische Schadenfreude wie in den Blicken der andern Mädchen. – Und das ist hier im Lokal, wo sie sozusagen bei sich ist, unter den Ihrigen. – Außerhalb nun erst! – O ich denke mir, ein solches armes Ding muss nach einer freundlichen, einfach menschlichen Berührung lechzen.«

»Das ist richtig. Manchmal sind sie sehr dankbar dafür. Ich hab es mitunter auch schon bestätigt gefunden.«

»Sie?« Fenia heftete voll Interesse ihre hellbraunen Augen auf ihn. Sie war ganz und gar bei der Sache.

»Warum nicht ich?«

»Weil ich mir vorstelle, dass solche Mädchen einem jeden Mann mit Misstrauen begegnen – müssen sie nicht annehmen, er wolle von ihnen etwas ganz andres als ihr Vertrauen?«

»Donnerwetter!«, dachte er und sah sich Fenia genauer an. Dieser Grad von Unbefangenheit, womit sie über so heikle Dinge mit einem ihr ganz fremden Manne sprach, hier, in Paris, in der Nacht, in diesem Café – und dabei ein Ausdruck in ihren Mienen, als unterhielten sie sich über fremdländische Käfer.

Waren Grisetten, junge Männer, Nachtcafés und Liebesabenteuer ihr wirklich dermaßen fremdländische Käfer?

»Diese Annahme würde ihr Vertrauen dem Manne gegenüber vermutlich gar nicht beeinträchtigen«, entgegnete er inzwischen Fenia auf ihre Frage, »denn dass er neben seiner menschlichen Anteilnahme vielleicht auch von ihnen als – als Frauen etwas empfangen will, das halten sie für ganz natürlich. Das Gegenteil würde wohl gar ihre Eitelkeit kränken und keinesfalls ihr Selbstbewusstsein heben.«

Er blickte bei seinen Worten um sich, ob der kleinen Gesellschaft, die längst zu andern Gesprächsstoffen übergegangen war, die Unterhaltung vernehmbar sei, und beugte sich näher zu Fenia, um mit gedämpfterer Stimme fortfahren zu können.

»Es ist auch gar nicht so verwunderlich, wie es Ihnen vielleicht scheint«, bemerkte er, »denn Sie dürfen nicht vergessen, dass es sich dabei nur um eine diesen Wesen ganz geläufige Verkehrsform handelt, – um eine so gewohnte und geläufige, dass sie in ihr unwillkürlich alles und jedes zum Ausdruck bringen, auch Seelenregungen der Freundschaft, Dankbarkeit oder Sympathie, die in die sinnliche Äußerungsform nicht genau hineinpassen. Es ist eben ihre Art von Sprache geworden.«

Auch die vertrauliche Nähe, in der er das zu Fenia sagte und sie gleichsam mit sich isolierte, störte sie augenscheinlich nicht; sie senkte den Kopf und schien nachzudenken.

Nach einer kurzen Pause fragte sie lebhaft:

»Sie meinen also, auch diese Mädchen hegen oft rein kameradschaftliche Gesinnungen Männern gegenüber und äußern sie nur – nur – sozusagen nur falsch? Das kann ich mir schwer vorstellen. Denn wenn es auch die ihnen gewohnteste Sprache ist, worin sie alles und jedes ausdrücken, – alle Menschen haben doch verschiedene Bezeichnungen für total verschiedene Dinge.«

»Glauben Sie? Ich meinerseits glaube viel eher, dass auch in unsern Ständen sich eine ganz ähnliche Beobachtung machen lässt. Unsre Mädchen und Frauen werden so daran gewöhnt, mit den Männern ihrer Umgebung eine rein konventionelle, ganz unsinnliche Verkehrsform zu üben, dass sie in dieser Sprache auch das noch ausdrücken, was ganz und gar nicht so abstrakt gemeint ist. Wie manches Mädchen meint, mit einem Mann nichts als Geistesinteressen und Seelenfreundschaft zu teilen, während sie, – oft unbewusst, – nichts andres begehrt als seine Liebe, seinen Besitz. – Für eine kleine Grisette ist die menschliche Anteilnahme eines Mannes das bei weitem seltenere, gewissermaßen ausgeschlossene, – für die Dame unsrer Gesellschaft ist es das rücksichtslose Sich-Ausleben des Weibes.«

Kaum hatte er diese Tirade vorgebracht, als unglücklicherweise die Gesellschaft aufbrach. Mitten im Stühlerücken und Durcheinanderreden fasste eine von den Damen Fenia unter den Arm und schnitt ihm ihre Antwort ab. Es ging nicht mehr über ein höchst uninteressantes Geschwätz aller mit allen hinaus.

Dennoch flanierte er neben ihnen her durch die nächtlichen Straßen, machte im »Chien qui fume« das unvermeidliche Nachtessen von Zwiebelsuppe und Austern mit und beschaute sich mit den andern in der Frühdämmerung durch die breiten Spiegelfenster des

Restaurants das großartig malerische Bild der Wareneinfuhr in die Hallen. Dabei erfuhr er von einem russischen Journalisten, der Fenias Eltern gekannt hatte, wenigstens etwas vom äußern Umriss ihres Lebens. Von Geburt war sie Moskowitin, begleitete aber schon früh ihren erkrankten Vater, einen ehemaligen Militärarzt, nach Süddeutschland und der Schweiz, wo sie ihre Universitätsstudien begann – und nach seinem Tode mit Hilfe von mühsamem Nebenerwerb, Stundengeben und Übersetzungen aller Art hartnäckig fortsetzte. In Zürich schien sie mit lauter ihr befreundeten Männern zusammen zu studieren, – einer von ihnen hatte sie in den Herbstferien auch hierher, nach Paris, begleitet, war dann aber nach Russland abgereist.

Kam daher dieser merkwürdig schwesterliche, geschlechtslose Anstrich, den sie sich gab, als gäbe es für sie auf der Welt nur lauter Brüder? Oder war es nicht viel wahrscheinlicher, dass dies unendlich unbefangene Betragen nur den äußeren Deckmantel abgab für ein ganz freies Leben? Sie musste doch schon recht viel von der Welt und den Menschen kennen – mehr als eines der wohlbehüteten jungen Mädchen unsrer Kreise.

Immer wieder schweiften seine Augen und seine Gedanken zu ihr hinüber, von der er argwöhnte, sie halte sich eine höchst kluge und gelungene Maske vor. Steckte nicht hinter diesem Nonnenkleidchen, das unter den andern Toiletten fast auffiel, etwas recht Leichtgeschürztes, – hinter diesem offenen, durchgeistigten Gesicht nicht etwas Sinnenheißes, worüber sich nur ein Tölpel täuschen ließ? – Spielte nur seine eigene Phantasie ihm einen Streich, oder erinnerte Fenia nicht an die Magerkeit, Geistigkeit und stilisierte Einfachheit einer modern präraffaelitischen Gestalt, die so keusch ausschauen will und doch geheimnisvoll umblüht wird von verräterisch farbenheißen, seltsam berauschenden Blumen – –?

Jedenfalls ging etwas Aufregendes von Fenia über ihn aus und reizte ihn stark, trotz der Abneigung, die ihm damals jede studierende oder gelehrte Frau einzuflößen pflegte. Ja, er nahm's fast als Beweis, dass Fenia nur zum Schein eine solche sei –.

Beim Verlassen des Restaurants wurde noch der Vorschlag laut, die lange Nachtschwärmerei mit einer Fahrt in den Bois de Boulogne abzuschließen, aber ein vielstimmiges Gähnen protestierte dagegen. Übrigens ließ sich auch an keiner Straßenecke ein Fiaker blicken. Endlich entschloss man sich, zu Fuß den Heimweg anzutreten, jeder Herr begleitete eine der Damen nach Hause, und Max Werner gelang es, Fenia auf seinen Anteil zu bekommen.

Schon drang die Sonne durch den Morgennebel und übergoss Paris mit jenem köstlichen Frührotschein, den die feuchte Luft über den Ufern der Seine erzeugt.

»Das ist ganz herrlich!«, rief Fenia und blieb mitten auf der Straße stehn, setzte aber sogleich sehr prosaisch hinzu:

»Wenn ich jetzt eine Tasse starken Kaffee bekommen könnte! Dann brauchte ich mich zu Hause nicht erst niederzulegen, und der Tag wäre nicht verloren.«

»Sie sehen nicht müde aus, sondern ganz wunderbar klaräugig«, bemerkte er und sah sie an, »es wird Ihnen offenbar leicht, eine Nacht nicht auszuruhen.«

Sie nickte.

»Ich bin's gewöhnt«, sagte sie, »ich habe vorzugsweise nachts bei den Büchern gesessen. Wenn's um einen her so still ist –«

»Das klingt doch wirklich rein wahnsinnig, wenn man ein junges Mädchen so etwas sagen hört«, erwiderte er fast gereizt, denn es missfiel ihm heftig, »ich, so wie ich hier stehe, bin eben erst der Bücherstudiererei entlaufen wie dem ärgsten aller Frondienste. Und Sie – ein Weib – spannen sich freiwillig hinein.«

»Warum soll denn das ein Frondienst sein?«, sie blickte erstaunt auf – »das, was unsern Gesichtskreis erweitert, uns das Leben aufschließt, uns selbständig macht –? Nein, wenn irgendwas in der Welt einer Befreiung gleicht, so ist es das Geistesstudium.«

»Sie ist imstande und benutzt diesen Heimweg, – mitten auf der Straße, im Morgennebel, – zu einem philosophischen Disput über den Wert des Geistesstudiums für das Leben!«, dachte er fast erbittert und entgegnete im Brustton seiner festesten Überzeugung:

»Aber, mein Fräulein! da irren Sie sich nun wirklich! Es ist im Gegenteil das Beschränkendste, Einschränkendste, was es auf der Welt gibt! Und eigentlich versteht sich das ja von selbst. Die Wissenschaft führt an der Wirklichkeit des Lebens, mit all seinen Farben, all seiner Fülle, seiner widerspruchsvollen Mannigfaltigkeit, völlig vorbei, – sie erhascht von alledem nur eine ganz blasse, dünne Silhouette. Je reiner, je strenger und sicherer ihre Erkenntnismethoden sind, desto bewusster und größer dann auch ihr Verzicht auf das volle, das wirkliche Erfassen selbst des kleinsten Lebensstückchens. – – Deshalb ist der Wissenschaftler, der ihr dient, an so viel Selbstkasteiung gebunden, an so viel bloße Schreibtischexistenz und geistige Bleichsucht.«

Während er redete, überlegte er sich zugleich, dass der Weg bis zu Fenias Hotel sehr kurz sei, und machte deshalb auf alle Fälle einen Umweg, obwohl der Himmel sich bezog. Sie bemerkte auch gar nichts davon, weder von der Himmelstrübung noch vom Umweg.

»Für uns Frauen, – für uns, die wir erst seit so kurzem studieren dürfen, ist es durchaus nicht so, wie Sie da sagen«, widersprach sie, ganz eingenommen von ihrer Sache; »für uns bedeutet es keine Askese und keine Schreibtischexistenz. Wie sollte das auch möglich sein! Wir treten ja damit nun grade mitten in den Kampf hinein, – um unsre Freiheit, um unsre Rechte, – mitten hinein in das Leben! Wer von uns sich dem Studium hingibt, tut es nicht nur mit dem Kopf, mit der Intelligenz, sondern mit dem ganzen Willen, dem ganzen Menschen! Er erobert nicht nur Wissen, sondern ein Stück Leben voll von Gemütsbewegungen. Was Sie von der Wissenschaft sagen, klingt so, als sei sie nur noch die geeignetste Beschäftigung für Greise, für abgelebte Menschen. Aber vielleicht seid nur ihr greisenhaft. Bei uns begeistert sie die Starken, die Jungen, die Frischen!«

»Ja, wissen Sie denn, was das beweisen würde, wenn es wirklich so ist?«, fragte er ärgerlich und studierte dabei mit verliebtem Wohlgefallen den Ansatz des braunen Haares an ihren Schläfen, der eine reizende kleine Linie bildete; »es beweist einfach, dass Ihr Geschlecht zurück ist, dass es da lebt, wo wir vor Jahrhunderten standen. Etwa da, wo wir für jede wissenschaftliche Erkenntnis auf den Scheiterhaufen gerieten, oder mindestens in öffentlichen Verruf. Damals hatte allerdings das Leben für die Wissenschaft noch etwas verdammt Charakterstählendes und zog die ganze Existenz eines Menschen in die abstraktesten Erkenntnisfragen hinein. Aber solange das so ist, ist auch die feinste geistige Kultur noch nicht möglich, – die Kultur von heute, die *über* den Dingen schwebt, – und von der die Frauen nichts wissen, wenn sie studieren.«

»Aber wenn sie nicht studieren?«, fragte sie spottend.

»Jawohl. Dann bekommen sie durch den Mann eine Ahnung davon.«

»Bitte, – wo sind wir?«, unterbrach ihn Fenia und blieb stehn.

»Werden Sie nicht böse! Im Eifer des Gefechts sind wir von der kürzesten Heimweglinie abgewichen. – – Aber ich wusste wohl: hier muss schon ein kleines Lokal offen sein, wo Sie Kaffee bekommen können«, fügte er schnell hinzu und führte sie ein paar Schritte weiter, – »ich konnte nicht vergessen, dass Sie so schmerzlich nach Kaffee verlangten.«

Das kleine Café, vor dem sie standen, wurde allerdings grade geöffnet. Aber auf so frühe Besucher war es noch keineswegs eingerichtet. Der Besen, der drinnen über die Dielen fuhr, fegte ihnen mächtige Staubwolken entgegen, und die Stühle standen noch friedlich auf die Tische gestülpt da, wie während der Nachtzeit.

»Ich glaube, es ist noch weit nach meinem Hotel«, meinte Fenia bedenklich, – »ist nicht jetzt ein Fiaker –«

»Nach Ihrem Hotel ist es freilich ein wenig weit«, fiel er ihr schnell in die Rede, »aber wenn Sie – – –, ich kann es gar nicht ertragen, dass Sie um den ersehnten Kaffee kommen. Sie müssen jetzt ja noch viel durstiger sein. Ich weiß einen Ort, wo Sie selbst um diese frühe Stunde ganz vorzüglichen bekommen.«

»Wo denn? Ganz nah?«

»Ganz nah. Keine zehn Häuser weit. Denn wir sind hier zwar etwas entfernt von Ihrem Hotel, aber desto näher bei dem meinen. Und meine Hotelwirte sind auf die merkwürdigsten Kaffeestunden eingerichtet. Gehen wir hin. Ich lasse dann von dort einen Fiaker besorgen.«

»Bei mir wird, glaub ich, der Speisesaal nicht so früh aufgemacht«, meinte Fenia etwas verwundert, »aber wenn es so ist – gehen wir meinetwegen.«

Ihre einfache Bereitwilligkeit irritierte ihn beinahe. Die mit ihr durchwachte Nacht hatte seine verliebte Neugier bis zu nervöser Erregung aufgereizt. Wie, wenn er sie gar nicht in den allgemeinen Speisesaal führte? konnte sie denn das wissen? Höchstwahrscheinlich war dieser wirklich noch nicht auf. Aber seine eignen Zimmer lagen daneben.

Eine Art von stiller Wut kam über ihn, seine Unklarheit über dieses Mädchen quälte ihn. War es wohl möglich, dass sie einem wildfremden jungen Menschen so weit entgegenkam, sich ihm so arglos anvertraute, wenn das alles nicht bloßes Raffinement war? Lachte sie etwa im Stillen über ihn? Oder von welchem fernen Stern war sie auf das Pariser Pflaster gefallen?

Ach, er war noch sehr jung damals! Die Weiber taxierte er ganz besonders deshalb noch ziemlich falsch, weil er Angst hatte, für einen leichtgläubigen Dummkopf gehalten zu werden. Und was die studierenden Frauen betraf, gegen die er eine solche Abneigung besaß, so musste er sich gestehen, dass er sie eigentlich noch nicht kannte, denn die Frauen seiner intimeren

Bekanntschaft gehörten ganz und gar nicht zu dieser Rasse.

Er führte Fenia in das Hotel garni, wo er wohnte, ließ sie einige Stufen hinaufsteigen und öffnete im breiten Korridor die Tür zu einem Zimmer neben dem Speisesaal.

Es war nicht sein Zimmer, sondern eine momentan unbesetzte große, helle Hinterstube mit Saloneinrichtung, die er zu benutzen pflegte, wenn bei ihm aufgeräumt wurde. Als sie eintraten, kratzte jedoch nebenan sein kleiner weißer Spitz, den er einer alten Straßenverkäuferin abgehandelt hatte, aufgeregt über die lang erwartete Rückkunft seines Herrn, unter leisem Gewinsel an der Tür. Max Werner ließ ihn herein, und er schoss unter freudigstem Wedeln und Bellen auf Fenia und ihn zu, als gehörten sie zusammen.

Fenia war zaudernd stehn geblieben, nicht recht begreifend, wo sie sich hier befand. Sie bückte sich unwillkürlich zu dem Hund nieder, der sich indessen zwischen ihnen hingesetzt hatte und sie befriedigt ansah, richtete sich aber ebenso rasch weder auf und wollte etwas sagen, als ihr Blick Max Werners Gesicht traf.

Er hatte sie ohne irgendeine klare Absicht hier hereingeführt. Wie sie jedoch nun wirklich dastand, in diesem Zimmer, in dieser völligen Abgeschlossenheit mit ihm allein, in diesem schlafenden Hotel, auf dessen Gängen es noch so totenstill war, dass man hinter den halbgeschlossenen Fensterjalousien das vergnügte Zwitschern eines Spatzen im Hofe hörte, – da, – ja, als Fenia da aufschaute, sah sie ihn zitternd vor Erregung über sie geneigt, ganz nahe über ihrem Gesicht, und im Begriff, sie mit beiden Armen zu umfassen.

Sie schrie nicht auf. Sie zuckte nur zurück, bückte sich schnell, um den Schirm aufzunehmen, der ihr bei der Begrüßung des Hundes entglitten war, und wandte sich zur Tür.

»Wie schade!«, sagte sie dabei.

Es entfuhr ihr fast bedauernd, zugleich im Ton außerordentlichen Erstaunens.

Er stand einen Augenblick verdutzt da.

Dann schwoll eine plötzliche Raserei in ihm auf, – ein blinder wütender Drang, ihr nur ja nicht den Willen zu tun, und ohne noch selbst recht zu wissen, was er eigentlich damit bezweckte, stürzte er an ihr vorbei zur Tür, riss den Schlüssel heraus, drehte ihn von innen im Schloss herum und steckte ihn darauf in seine Tasche.

Fenia war wie eine Salzsäule stehn geblieben. Sie war furchtbar erblasst. Ihre Blicke irrten durch das Zimmer, durch das Fenster in den Hof, wo der Spatz schrie, und blieben dann am hellen Klingelknopf der elektrischen Glocke haften.

Aber konnte sie den Garçon herbeiläuten und sich von ihm zu dieser Stunde in dieser Stube mit dem Fremden finden lassen? – Und in den Hof hinunterspringen konnte sie ja doch auch nicht. –

Sie richtete ihre Augen, tief erschrocken, groß und fragend, auf ihn, grade als frage sie ihn danach, was nun zu tun sei. Einen Augenblick lang war etwas Hilfloses und Hilfeheischendes über ihrer ganzen Gestalt, wie über einem im Wald verirrten Kind. – Aber nur einen Augenblick. Dann siegte ein andres Gefühl. Ihr Blick lief an ihm hinab, und ihre Lippen wölbten sich in einem unaussprechlich beredten Ausdruck des Ekels, – der Verachtung –.

Seine Hand fuhr, ohne dass er es ihr im Geringsten anbefohlen hätte, in seine Tasche und zog, ohne sich um den Lümmel zu kümmern, der dumm, rot und wie ein Schulknabe dastand, den Schlüssel heraus. Als aber die Hand Fenia den Schlüssel reichte, begleitete er diese unfreiwillige Gebärde mit einem Gemurmel:

»Ich – vorhin, als ich die Tür zusperrte, da missverstanden Sie mich, – ich wollte doch nicht etwa, – nein, überhaupt nichts, – ich wollte ja nur, dass Sie nicht in dieser Stimmung fortgehen sollten, – nicht aufgebracht und zornig gegen mich.«

Die seltsame Logik dieser Worte schien ihr nicht einzuleuchten. Ihr Gesicht trug noch immer denselben Ausdruck, der es fast verzerrte, – als säße ihr eine Raupe am Halse und kröche langsam weiter.

Sie ergriff den Schlüssel und ging sehr schnell, ohne ein Wort, aus der Tür.

Er hinterdrein. Hinter ihm der Spitz.

Einen Hut hatte er nicht aufgesetzt, sie wäre ihm entwischt, während er ihn vom Tisch holte. Und er fühlte sich gänzlich unfähig, sie so gehen zu lassen, – auf immer, – ohne ein Wort, – lieber wollte er ihr nachlaufen, – ja das wollte er, – wie ein verliebter Pudel, – verliebt in diesem Augenblick zum Närrischwerden. –

Ganz nah am Hotel standen ein paar Droschken. Die ledernen Verdecke waren herabgelassen, ein feiner Regen fing an, vom Himmel niederzurieseln. Im einförmig grauen Morgenlicht hasteten ein paar Zeitungsverkäufer, ein verschlafener Bäckerjunge vorüber. Die Straße entlang klapperte ein Gemüsekarren.

Ehe es Fenia noch gelang, den Kutscher auf seinem Bock wachzurufen und in den Fiaker einzusteigen, waren sie schon zur Stelle, Max Werner und der Spitz, Letzterer in höchster Aufregung dazwischenbellend.

»Hören Sie mich an«, sagte er atemlos zu Fenia und half ihr, unter das Verdeck zu gelangen, »hören Sie mich an! Sehen Sie mich an! Nein, – sehen Sie mich nicht an«, verbesserte er sich, seines verwirrten Aussehens, seines hutlosen Kopfes gedenkend, – »aber Sie sehen ja, dass ich über meine eigne, wahnsinnige Dummheit außer mir bin! Sagen Sie mir, dass Sie mir verzeihen, – sagen Sie mir ein Wort, – gehen Sie nicht so, – ich meine: Fahren Sie nicht so.«

Er wusste durchaus nicht mehr, was er eigentlich sagte.

Der Kutscher war schwerfällig vom Bock geklettert, hatte seinem Pferde den Futtereimer abgehängt, nahm dem Tier die Schutzdecke vom Rücken und faltete sie bedächtig.

Fenia schaute indessen unter dem Schirmdach des Verdeckes hervor, in sich zusammengeschmiegt wie eine weiche Katze, und sah Max Werner ganz groß und ernst an.

»Verzeihen?«, wiederholte sie, – »ich will Ihnen noch mehr sagen: Da ist gar nichts zu verzeihen. Denn ich bin ebenso dumm gewesen wie Sie, indem ich Ihnen folgte, ohne Sie und Ihren Speisesaal auch nur ein bisschen zu kennen. Ja, das war sehr dumm, und so sind wir quitt, denn Sie sind auch nur so dumm gewesen, weil Sie mich nicht kannten. – Wir haben beide dieselbe Entschuldigung dafür, dass wir es nicht besser wussten. – Denn obgleich ich so viel unter Männern gewesen bin, sehen Sie, so hat es sich für mich immer so glücklich getroffen, dass es immer die anständigsten Männer von der Welt waren. Ja wahrhaftig. Sie sind der erste unanständige – Mann, den ich –«

Sie brach ab, wie selbst erschrocken über das beleidigende Wort, womit ihre lange Rede abschloss. Der Kutscher war auf den Bock gestiegen, der Gaul zog an, und Fenia drückte sich errötend ins Dunkel des Verdecks, während der Fiaker mit ihr davonrasselte.

Max Werner stand auf dem Straßendamm und fuhr mechanisch, mit düsterem Gesicht, nach seinem Kopf, um den Hut zu lüften, – der nicht daraufsaß.

In den darauffolgenden Tagen drängte es ihn sehr, Fenia aufzusuchen oder ihr zu schreiben, doch zauderte er immer wieder und unterließ es. Erst nach längerer Zeit, als er schon mit einigem Humor an seine Eselei zurückdachte, tat er es trotzdem; aber da war Fenia, – Fiona Iwánowna Betjagin hieß sie, – bereits wieder nach Zürich abgereist.

Indessen schien es des Schicksals Wille, dass sie sich wiederfinden sollten, als sie beide längst nicht mehr dran dachten.

Ein Jahr ging hin. Max Werner verbrachte es, nach seiner Rückkehr aus Paris, in der österreichischen Heimat, wo ihn seit einiger Zeit etwas Liebes festhielt und seine Reiselust merklich abschwächte. Da erhielt er eines Tages einen Brief seiner einzigen Schwester, die sich den letzten Monat bei einer nach Russland verheirateten Freundin auf deren Gut aufgehalten hatte: Sie zeigte ihm ihre Verlobung mit einem in der Nähe von Smolensk begüterten Landedelmann an und sandte ihm zugleich einen schönen Gruß von Fiona Iwánowna Betjagin, – einer Verwandten ihres zukünftigen Mannes, die im Auslande studiert und kürzlich promoviert habe.

Tief im Winter, Mitte Januar, reiste Max Werner zur Hochzeit seiner Schwester in die russische Provinz. Dort, auf dem Gut von deren Freunden, wo eine Unmenge fremder Gäste untergebracht waren, sah er mitten im Trubel der festlichen Vorbereitungen Fenia wieder.

Als er sie zuerst erblickte, hätte er sie fast nicht wiedererkannt, obgleich er nicht hätte sagen können, worin die überraschende Veränderung gegen den Pariser Eindruck liegen mochte.

Fenia saß in lässiger Haltung zwischen einigen Bekannten, ihre rechte Hand in träger Gebärde mit der Innenfläche nach oben gekehrt im Schoß, und seltsam festlich und feierlich im leuchtenden Weiß ihres seidenen Kleides. Während sie heiter lachte und sprach, sah sie doch zerstreut aus, als verträumten sich ihre Gedanken ganz woandershin.

Ihre Gestalt schien voller herangeblüht zu sein, in allen ihren Bewegungen lag etwas Weiches, Abgerundetes, was sie nicht besessen hatte und was ihr eine harmonische Schönheit gab. Fenia war schöner geworden, als zu erwarten stand.

Ja, schöner, – doch den beunruhigenden Reiz von damals übte sie nicht mehr auf Max Werner aus, – das Widerspruchsvolle, Geheimnisvolle, was ihn damals an der fremden Studentin anzog und abstieß, schien von ihr abgestreift zu sein, seitdem das Weib, das er so unruhig in ihr gesucht hatte, in ihrem Äußeren voller hervorgetreten war.

Das fühlte er trotz der herzlichen Freude, womit er

sich von Fenia bewillkommnet sah. Sie begrüßte in ihm sogleich den neuen Verwandten, und beide lachten sie miteinander über ihren gemeinsamen, verblichenen Pariser »Liebesroman«, der gar so kurz gewesen.

Bei der Hochzeitstafel setzte Fenia ihn neben sich, und sie tranken, zugleich mit vielen andern Paaren, sogar Brüderschaft, an der jedoch nie ordentlich festgehalten wurde. Max Werner fiel der große Ernst auf, womit Fenia ihm alle Einzelheiten und deren Bedeutung während der griechisch-katholischen Trauung, die der protestantischen folgte, zu erklären bemüht war. Ihn interessierten wohl die verschiedenen Zeremonien, die er da sah, doch konnte er eine etwas ketzerische Bemerkung über ihre Überflüssigkeit nicht unterdrücken.

»Überflüssig?!«, sagte Fenia erstaunt, fügte jedoch schnell hinzu: »Nun freilich, für einen Fremden, der's mitmachen muss. Für mich ist es gradezu köstlich, so unterzutauchen in Weihrauchduft und Gesang und Kindheitserinnerungen. Ich bin ja so viele Jahre fortgewesen. -- Und jetzt erst fühle ich mich wieder zu Hause, wo all dies Altvertraute wieder um mich ist. -- Russland hat auch darin den großen Vorzug vor andern Ländern, dass man ganz sicher ist, alles auf dem alten Fleck wieder vorzufinden. Da ist kein Hasten von Fortschritt zu Fortschritt, – es ist alles jahraus, jahrein dasselbe.«

Über dies vaterländische Kompliment musste Max Werner lachen.

»Auch ein Grund, seine Heimat zu verehren!«, bemerkte er heiter, »aber in diesem besondern Fall – denken Sie – denkst du – doch auch nicht mehr wie einst als Kind. Diese langen Trauungszeremonien sind ihres tieferen Sinnes ja doch entkleidet.«

Fenia schüttelte den Kopf.

»Durchaus nicht! im Gegenteil! Streift man die äußere Form ab, was ist der tiefere Sinn? Er lautet etwa: Da sind zwei Menschen, die sich zusammentun wollen für immer, – vermutlich weil sie sich lieben, – aber nicht nur zum Zweck ihrer persönlichen Verliebtheit, sondern zu einer gemeinsamen Aufgabe, – sozusagen im Dienst eines Höheren, Dritten, worin sie sich erst unlöslich verbinden. Sonst ist die ganze Unlöslichkeit zwecklos. Nein, sie wollen darin über das nur Persönliche, rein Gefühlsmäßige hinaus, – ob sie es nun Gott nennen, oder Heiligkeit der Familie, oder Ewigkeit des Ehebündnisses, – das gilt dafür gleich. – – In jedem Fall ist es etwas andres, – auch etwas durchaus Anderwertiges als nur Liebe zwischen den Geschlechtern.«

»Mein Gott, Fenia Iwánowna«, sagte Max Werner ganz konsterniert, »Sie können einem wahrhaftig das ganze Heiraten verleiden! Mir läuft förmlich eine Gänsehaut über den Rücken. – – Zum Glück irren Sie sich. Unlöslich ist die Geschichte wenigstens nicht. Es gibt ja doch Aussicht auf Scheidung –«

Fenia zuckte die Achseln.

»Mag sein – bei euch. Da drückt eben die Form den Inhalt nicht mehr voll aus. Hat also auch die ihr zukommende Schönheit und Feierlichkeit nicht mehr. Da kann ich mir ganz gut denken, dass ihr vielleicht leichtsinniger drauflosheiratet. – – Wir aber, – – ehe wir es tun, werfen wir uns auf die Knie – ganz so, als ob wir das Entgegengesetzte tun und auf Lebenszeit unsre persönlichen Genussrechte in einem Kloster aufgeben wollten.«

Es war Max Werner noch ebenso angenehm und anregend wie früher, mit Fenia zu disputieren, wenn ihre Meinungen auch ebenso aufeinanderstießen wie damals in Paris. Aber wie in ihrem Äußeren erschien Fenia ihm auch in ihren Meinungen jetzt weit frauenhafter als früher, und vielleicht bewirkte es grade dieser Umstand, dass sie sich in der kurzen Woche fast unausgesetzten Zusammenseins schließlich eng befreundeten.

Die einfache Schwesterlichkeit ihrer Umgangsformen, die er damals mit so argwöhnischen Augen angesehen hatte, wurde ihm hier im fremden Lande unendlich sympathisch, und sehr bald erkannte er auch im Schlichten, arglos Vertrauenden des Benehmens einen spezifisch slawischen Zug der Mädchen und Frauen. Fenia unterschied sich von den andern nur wenig, – am wenigsten durch den Umstand, dass sie ein so langes Studienleben geführt hatte. Der Ausdruck ihres Naturwesens war viel stärker als irgendetwas Angelerntes.

Endlich kam es sogar dazu, dass Max Werner Fenia den größten Vertrauensbeweis gab, indem er ihr andeutete, was ihn jetzt so ganz an seine Heimat fesselte und ihn dahin zurückzog. Sie erfuhr, dass er seit Jahresfrist heimlich verlobt sei.

Er gestand es ihr während einer großen Schlittenpartie, die alle Gutsgäste gemeinsam bei prachtvollem Winterwetter in die verschneite waldreiche Umgebung unternahmen. Fenia und ihr deutscher Freund kamen zusammen in eine der niedrigen zweisitzigen »Salaski« zu sitzen, die beim hellen Schellengeklingel der flinken kleinen Pferde pfeilschnell über die hartgefrorene Schneefläche dahinsausten.

Auf Max Werners Geständnis bemerkte Fenia mit lebhaftem Interesse:

»Eine wirklich ganz ›heimliche‹ Liebe? Ich meine so, dass wirklich niemand, selbst die Nächsten nicht, etwas davon ahnt? Das muss ja sehr schwer durchzuführen sein.«

»Das ist es auch. Doppelt schwer, weil Irmgard eine Norddeutsche ist und das Leben nichts weniger als leicht nimmt. Jede Heimlichkeit jagt ihr hinterher tagelanges Entsetzen ein. Kleiner norddeutscher Adel, der in alten, festen Familientraditionen groß geworden ist.«

»Wie sind Sie denn miteinander bekannt geworden?«, fragte Fenia, »denn Sie, mein Lieber, machen doch umgekehrt einen leichtlebigen Eindruck auf uns junge Mädchen.«

»Bitte, bitte! Ich bin nicht immer wie in Paris. Für Irmgard war ich anfangs eine Art Ausweg und Rettung aus der etwas engen geistigen Atmosphäre ihres Hauses. Damit fing es an.«

»Und deshalb hält Ihre Braut Sie für einen Tugendbold?«, fragte Fenia spottend.

»O nein! Sie hält mich im Gegenteil für viel schlimmer, als ich bin. Das ist meistens so. Aber das schreckt sie nicht ab. Sie liebt wie eine Königin, die gewährt, ohne zu verlangen. Das ist die trotzigste Art von Mädchenstolz.«

»Doch nur eine Maskerade für lauter übergroße Demut«, fiel Fenia lebhaft ein, »– ach, wie deutsch ist das! Aber da bringt sie Ihnen doch lauter Opfer. Leiden Sie denn nicht darunter?«

Max Werner machte unter seiner geliehenen Pelzkappe ein verlegenes und pfiffiges Gesicht.

»– Leider nein!«, bemerkte er kleinlaut. »In dieser Selbstüberwindung und stolzen Demut liegt etwas, was unsereinen entzückt. Es steigert die gegenseitige Liebe, glaub ich –.«

Fenia schwieg einige Minuten. Irgendein Gedanke schien sie zu beschäftigen. Dann äußerte sie plötzlich:

»Und trotzdem, – trotz all diesen schwierigen Umständen, – will sie Sie noch nicht heiraten?«

Max Werner sah so verblüfft aus, dass Fenia zu lachen anfing.

»– Nicht heiraten –? ja, wie denn? Das ist ja nur – – eigentlich bin ich ja doch nicht recht in der Lage dazu«, entgegnete er, noch immer ganz verdutzt von dieser unerwarteten Auffassung, »– *sie* würde natürlich gern so bald als möglich –. Ich habe meinen sehr kleinen Vermögensanteil früher schon so sehr zu Reisen und Studienzwecken angegriffen, dass ich erst eine Professur haben müsste.«

Fenia verfiel in Nachdenken. Sie saß mit gesenktem Gesicht, als horche sie aufmerksam auf das Schellengeklingel der Schlittenpferde. Aber es mussten liebe und angenehme Betrachtungen sein, die sie hegte, denn sie saß so glücklich in sich zusammengesunken da, und auf ihrem von der Kälte rotgehauchten Gesicht blieb ein Lächeln stehn –.

Nach den letzten Hochzeitsfeierlichkeiten reiste Max Werner zusammen mit Fenia nach St. Petersburg, wo er sich noch etwas umsehen wollte, ehe er nach Deutschland zurückging. Fenia mietete sich in einer *maison meublée* des Newskij-Prospekts ein, um sich in Ruhe für ihre künftige Lehrtätigkeit vorzubereiten. Ihn führte sie gleich bei ihren einzigen Petersburger Verwandten ein, ins Haus ihres Onkels, des Mannes einer verstorbenen Schwester ihrer Mutter, weil man dort deutsch sprach und deutsche Interessen pflegte. Der Onkel war von baltischem Adel, Admiral in russischem Dienst, und unterhielt mit seinen drei Töchtern die gastfreieste Geselligkeit.

Den größten Teil der ersten Tage seines Aufenthalts widmete Max jedoch eingehenden Besichtigungen der Hauptstadt. Einmal, nachdem er so lange in den Kunstsälen der Eremitage verweilt hatte, als das spärliche

Winterlicht irgend zuließ, verlangte es ihn nach einem ausgiebigen Spaziergang, und so ging er noch den ganzen Newskij-Prospekt hinunter, von dem man gewöhnlich nur eine gewisse Strecke, zwischen der Admiralität und dem Moskauer Bahnhof, zu sehen bekommt. Hinter dem Moskauer Bahnhof ist es nicht mehr der Newskij der vornehmen Nachmittagspromenade. Die breite schnurgerade Straße mit ihrer Einfassung von Kirchen und Palästen macht eine scharfe Wendung und verändert plötzlich ganz ihren Charakter. Anstatt der eleganten Spiegelscheiben der großen Magazine trifft man gewöhnliche Warenbuden und billige Bazare, deren niedrige Arkaden am Trottoir entlanglaufen; anstatt der europäischen Hotels Wirtshäuser zweiten und dritten Ranges und Schnapskeller mit grellen Plakaten über der Tür. Immer weniger herrschaftliche Schlitten sausen über den festgestampften bläulichen Schnee, immer volkstümlicher werden die Trachten der vorübergehenden Menschen, – bis endlich von ferne, im blitzenden Schein, den die Wintersonne den goldenen Kuppeln entlockt, – das Alexander-Newskij-Kloster herüberschimmert.

Schon eine ganze Strecke vor dem Kloster wird die Straße beinahe dörflich und erhält einen sozusagen geistlichen Anstrich. Weißbeworfene Gebäude mit goldenen Kreuzen oder goldener Strahlenform über dem Tor, Wohltätigkeitsanstalten, Kapellchen, fromme Asyle erheben sich zwischen den kleinen, niedrigen, demütigen Wohnhäusern, die auch nur noch weiße Kleidchen anzulegen wagen. Und darüber ragt die gewaltige weißgoldene Himmelsstadt mit ihren Klostermauern, Kuppeln und Kirchen gegen den blassblauen Winterhimmel empor, – umhaucht vom Weihrauch, der aus ihren Heiligtümern dringt, umstanden von geweihten Buden, wo Betperlen, Räucherkerzen und Kränze verkauft werden, umklungen von Glocken und Chorälen, – das Ganze eine unbeschreibliche Symphonie von Weiß und Gold inmitten dieser weißen Schneelandschaft unter den letzten goldenen Sonnenstrahlen.

Und dahinter der weite, weite Klostergarten im tiefen Winterfrieden.

Max Werner wollte grade in den Garten eintreten, als er zu seiner Überraschung Fenia darin erblickte; sie stand dicht am Eingang, an das goldblitzende Staket gelehnt, und wendete ihm den Rücken zu.

»Fenia Iwánowna, gehen Sie ins Kloster?«, sagte er ihr über die Schulter.

Sie wandte sich verwundert, nicht erschrocken, um, und entgegnete aus der Pforte tretend:

»Ich habe mir das Kloster angesehen – – Und nun geh ich zu meinem Onkel, – *jour fixe*, Sie wissen ja! Ich speise dort. Haben Sie nichts Besonderes vor? Dann kommen Sie doch mit, Sie sind ja ein für alle Mal zur Familientafel geladen.«

»Ich will es sehr gern tun, Fenia, schon um Sie zu begleiten. Wollen wir bei diesem sanft sibirischen Wetter die Promenade zu Fuß machen?«

Sie nickte, und indem sie ihr Gesicht mit dem vorgehaltenen Bibermuff vor dem scharfen Winde schützte, schaute sie sich aufmerksam nach allen Seiten um. Dann schritt sie eine Zeitlang einsilbig neben ihrem Begleiter her.

»Wie sind Sie nur darauf verfallen, grade hierher zu kommen«, fragte sie plötzlich, – »diesen Teil des Newskijs besuchen so wenige. Man kann fast sicher sein, dass man –«

»Wäre es nicht viel berechtigter, wenn ich Sie dasselbe fragte?«, bemerkte er neckend, »ein Spaziergang für eine junge Dame ohne Begleitung ist das doch gar nicht. Ich glaubte Sie in die tiefsten Studien vertieft, habe Sie zartfühlend nur deshalb nicht aufgesucht, – ich stelle

Sie mir ja seit Paris immer noch wie besessen von Fleiß vor, – und stattdessen bummeln Sie hier herum.«

»Ja, bummeln ist das richtige Wort«, sagte sie in zufriedenem Ton, – »wissen Sie, mit dem Fleiß ist es ganz vorbei. Ich lebe jetzt ja auch in einer solchen Übergangs- und Zwischenzeit, – nicht wahr? Bis zu der mir versprochenen Anstellung. Und wie genieße ich das! Wissen Sie, es war Zeit, nach dem langen Arbeitsfieber. Jetzt strecke und recke ich mich, wie auf einem rechten Faulbett, – ordentlich wie eine Rekonvaleszentin fühle ich mich, – da lebt man ganz anders, – passiver, lauschender, aufnehmender. – Man wacht nicht, man schläft aber auch nicht. –«

»– Man träumt!«, ergänzte er aufs Geratewohl. Fenia sah mit einem raschen Blick zu ihm auf. Dann schwieg sie.

»Eigentlich haben wir also die Rollen getauscht«, meinte er, »denn ich bin dieses Jahr recht fleißig gewesen. – – Aber wie wird es Ihnen denn schmecken, nach dieser Zwischenzeit ein schwieriges Lehramt auszuüben, – graut Ihnen nicht davor?«

Sie lachte.

»So weit hinaus kann ich im Augenblick nicht vorwärtsdenken. – – Aber das wird nicht schlimm sein, denn es ist mir eigentlich stets sehr anziehend gewesen.«

Darauf schwieg sie wieder mit nachdenklichem Gesicht, als beschäftige sie etwas Unausgesprochenes. Sie gelangten inzwischen auf den belebten Teil des Newskijs, wo die sie umdrängende Menschenmenge, die sie jeden Augenblick trennte, ohnehin die Unterhaltung erschwert hätte.

Hinter der Polizeibrücke sank die Sonne. Lange blaue Schatten liefen über den Schnee und schufen jene nordische Winterdämmerung, in der man schon mitten am Tage nichts mehr recht deutlich erkennt und dennoch fremdartig davon berührt wird, dass hier und da hinter den Schaufenstern die ersten Flammen aufzucken.

Das vorüberflutende Leben und Treiben auf der glänzenden Hauptstraße passte sich der Stimmung dieser Stunde wunderbar an, denn trotz all des Gewühles war nichts Lautes, nichts Buntes, nichts Aufdringliches an dem ganzen Bild, sondern eine gedämpfte und diskrete Eleganz; das fast lautlose Durcheinanderjagen der Schlitten, das etwas beinah Gespenstisches haben konnte, die gleichförmige dunkle Kleidung der pelzvermummten Damen, die langsam, ohne Hast, fast feierlich sich vorbeibewegten, die Totenstille der breiten tief verschneiten Nebenstraßen, in denen die Welt plötzlich aufzuhören schien, gaben allem eine Art von verträumter Poesie, die vom lebensvollern und trivialern Lärm andrer Großstädte scharf abstach. Selbst die Ecken und harten Umrisse der Häuser hatte der Frost mit blitzenden Eiskrusten abgestumpft und verwischt, und in der kalten, kristallklaren Luft erstarb jeder Ton, – Menschenstimme oder Schlittenglöckchen, – ganz eigentümlich hell und fein wie ferner Gesang.

Fenia war gegenüber der Kasan'schen Kathedrale vor einem hell erleuchteten Schaufenster stehn geblieben. Sie schlug den Schleier über ihre Pelzmütze zurück und betrachtete die neuen Auslagen der Pasettischen Kunsthandlung. Ganz vorn lagen die drei mittelmäßigen, aber sehr populären Illustrationen zu Lermontows »Dämon«: die Verführung Tamaras durch den Dämon, ihre Hingabe an ihn, ihr Tod durch ihn.

Fenia wies mit dem Muff darauf hin.

»Zur Höhe des Himmels will ich mich heben,
Zur Tiefe des Meeres senke ich mich,
Alles Irdische will ich dir geben!
Nur liebe mich! liebe mich!«

zitierte sie lächelnd und ging weiter.

»Was ist das?«, fragte Max Werner.

»Improvisierte Übersetzung«, entgegnete sie, »so spricht der böse Dämon, nachdem er den Engel Tamaras in die Flucht geschlagen hat. – – Diese Bilder treffen Sie hier in allen Häusern, – Photographien, Gipsstatuetten. – Ich entsinne mich ihrer so gut aus meiner Kindheit, auch wir besaßen sie zu Hause. Es ist traulich, sie wiederzusehen.«

»Rechte Bilder für ein junges Mädchen«, bemerkte er, »haben Sie sich nicht auch die Liebe sehr dämonisch vorgestellt? Kampf mit dem Engel – höllische Seligkeiten – bengalische Beleuchtung – Weltuntergang.«

Sie sagte lachend:

»Ich? O nein. Ich stelle sie mir ganz – aber so *ganz* – anders vor.«

In den großen milchweißen Glaskuppeln hoch über der Mitte des Straßendamms erstrahlte urplötzlich das elektrische Licht und übergoss mit einem Mal die dämmerdunkle Straße mit seinem blendenden Mondschein.

Als Fenias Gesicht in dieser unerwarteten Helle neben Max Werner auftauchte, erschien es ihm, mit dem kindfrohen Blick und lachenden Munde, durchaus verschieden vom nachdenklichen Frauengesicht im Klostergarten bei den letzten Sonnenstrahlen. Ihre Mienen wechselten im Ausdruck so sehr, dass sie fast auch in der Form zu wechseln schienen; nur wie ein promovierter Doktor sah sie niemals aus, eher wie alles andre.

»Ich wäre wirklich neugierig«, bemerkte er, »wie Sie sich die Liebe denken würden, wenn Sie daraufhin examiniert werden sollten, anstatt auf Philologie, Geschichte etc.«

»Wie ich sie mir denken würde? O ganz einfach. So ganz einfach und gesund. Ich würde sie dann sicher mit den Dingen vergleichen, die am allerwenigsten dämonisch und romantisch sind. Mit dem guten gesegneten Brot, womit wir täglich unsern Hunger stillen, mit dem frischen erhaltenden Luftstrom, dem wir jeden Tag unsre Stube öffnen. Mit einem Wort: mit dem Wichtigsten, Schönsten und Selbstverständlichsten, dem wir alles verdanken und wovon wir am wenigsten Phrasen machen.«

»Das ist gar nicht übel gesagt! – Aber doch wohl noch etwas andres erwartet ihr davon: die große Sensation des Lebens, – glauben Sie nicht? – vor allem die Sensation.«

Sie schüttelte den Kopf.

»Ich nicht. Dann ginge ja das Kostbarste, was man damit empfängt, verloren, denk ich mir.«

»Was ist denn nach Ihrer Meinung das Kostbarste, was die Liebe euch geben kann?«, fragte er lächelnd.

Sie bog in die Admiralität ein und entzog ihm damit den Blick auf ihr Gesicht.

»Frieden!«, sagte sie leise.

»Frieden!«, dachte er zweifelnd und folgte ihr in das goldstrotzende, weitläufige Gebäude, wo der Admiral Baron Michael Ravenius einen Seitenflügel bewohnte. Irmgard würde ihm schwerlich eine solche Antwort gegeben haben, – sind die russischen Mädchen phlegmatischer, oder prosaischer? – fragte er sich. Oder sprach Fenia nicht nur deshalb in dieser Weise, weil sie wie ein Blinder von der Farbe sprach? Möglicherweise hatte ihr Temperament hier seinen blinden Fleck.

Oben im Empfangssalon des Admirals war leider noch der *jour fixe* im vollen Gange. Um die Gesellschafterin und die beiden älteren Töchter herum saßen noch etwa ein Dutzend blitzender Uniformen und dunkler Damentoiletten und machten jene überaus angeregt erscheinende und überaus langweilige und langweilende Konversation, wofür die konventionell abgeschliffene Eleganz der französischen Sprache sich so besonders gut eignet. Es war ganz amüsant, den tadellosen Mechanismus dieses Kommens, Sprechens und Fortgehens der durcheinandersummenden Menschen zu beobachten, von denen jeder etwa eine Viertelstunde blieb, um dann von der zweitjüngeren Tochter des Hauses durch eine Flucht von Sälen bis in das Vorzimmer geleitet zu werden, wo zwei Diener in Matrosenlivree ihn in Empfang nahmen.

Etwa noch eine Stunde lang vollzog sich das mit der Regelmäßigkeit und Genauigkeit eines Uhrwerks. Dann ging der letzte der Gäste, und der Baron Ravenius, ein hagerer alter Herr mit überaristokratischen Händen und Füßen und stark gelichtetem grauen Haar und Bart, reichte seiner Nichte Fenia mit altmodischer Galanterie den Arm, um sie zur Mittagstafel zu führen, wo er sorgsam den Stuhl für sie abrückte.

Max Werner folgte mit der ältesten Tochter Nadeschda, – bereits verlobt mit einem Attaché der deutschen Botschaft. Hinter ihnen die Gesellschafterin mit den beiden andern Mädchen, von denen die jüngste noch zur Schule ging, – und ganz zum Schluss die persische Windhündin des Barons, Russalka, die, silberhaarig, lang, schmal und vornehm, eine unverkennbare Ähnlichkeit mit ihrem Herrn besaß.

Während des Essens wartete man meistens auf die Eröffnung der Unterhaltung durch den Hausherrn. Heute sprach er nach genossener Suppe wie folgt:

»Man redet immer viel davon, dass in der deutschen – überhaupt in der ausländischen – Kolonie hier der Klatsch zu Hause sei. Es hat natürlich so eine Kolonie, selbst wenn sie noch so groß ist, im fremden Lande leicht den Charakter einer Kleinstadt. Man wird leichter in bösen Leumund geraten als anderswo – –. Wie hast du es zum Beispiel anderswo gefunden, Fenia?«

»Darauf hab ich wirklich nur wenig geachtet, Onkel Mischa«, antwortete Fenia, »es mag sehr wohl der Fall sein, dass auch ich oft tüchtig verklatscht worden bin, weil ich mich absolut nicht um den Schein kümmerte, aber ich hatte immer einen genügenden Schutz an echten Kameraden, die das nicht bis an meine Ohren herankommen ließen.«

»Exponiert genug hast du dir freilich dein Leben eingerichtet«, bemerkte der Baron, »mir fast unbegreiflich sorglos. Aber man muss dir nachsagen, dass du es verstanden hast, vortrefflich ans Ziel zu kommen. Alle Achtung davor, – und vor dem Ernst, womit du deine Jugend zugebracht hast.«

Alle warteten mit einiger Spannung auf die Pointe

dieses Gesprächs, denn wenn der Baron mit seiner würdevollen Umständlichkeit so weit ausholte und sich in allerlei geographischen oder sozialen Allgemeinbetrachtungen erging, so beabsichtigte er meistens, etwas höchst Spezielles vorzubringen. Umsonst hatte er sicher nicht die Klatschsucht der ausländischen Kolonien festgestellt und zugleich seiner Achtung für Fenia vor seinen Töchtern so ostentativ Ausdruck gegeben.

Aber bei der Mittagstafel kam das »Spezielle« nicht mehr. Erst als nach aufgehobener Tafel die beiden jüngeren Töchter mit der Gesellschafterin fortgegangen waren und man in einem kleinen Wohngemach neben dem Speisesaal bei einer Tasse Kaffee Zigaretten rauchte, wandte sich der alte Baron plötzlich an Fenia mit den Worten:

»Mein liebes Kind, du siehst mich recht beunruhigt, – ich schwankte wirklich, ob ich dir Mitteilung von der Sache machen sollte, – aber ich möchte doch die Gelegenheit benutzen, wo Herr Werner zugegen ist, – vielleicht wird er Rat wissen.«

Fenia hatte sich lässig in einem Lehnstuhl ausgestreckt und stemmte ihre Füße gegen den silberhaarigen Rücken der Russalka, die vor ihr lag und, die lange feine Schnauze auf die Vorderpfoten gedrückt, leise wedelte.

»Aber was ist denn nur los, Onkel Mischa?«, fragte Fenia neugierig.

»Sage mir, mein liebes Kind, besitzest du Feinde? Du weißt, es kann eine Ehre sein, Feinde zu haben! – – Kennst du irgendjemand, der ein Interesse daran hätte, dich zu verleumden?«

Sie schaute erstaunt und lächelnd auf.

»Ich?! – – Nein, sicher nicht. – Hat sich ein solcher Bösewicht gefunden?«

»Das wird ja ordentlich interessant«, bemerkte Max Werner und stand auf, »da könnte ich am Ende noch hier für Fenia gegen irgendeinen sibirischen Drachen zu Felde ziehen?«

Aber der Onkel teilte die heitere Stimmung nicht; seine Miene blieb so feierlich und besorgt wie zuvor.

»Ich bitte euch, es ernst zu nehmen«, sagte er, beide Hände auf den Lehnen seines Sessels, – »lass jetzt das Spiel mit der Hündin, Fenia! Es ist eine ganz abscheuliche Verleumdung, worum es sich handelt. Jemand behauptet, dich gesehen zu haben, – zu sehr vorgerückter Nachtstunde in einer entlegenen Straße, – zusammen mit einem Herrn.«

»Wer ist es, der es behauptet?«, warf Fenia ein.

»Das eben möchte ich durchaus ermitteln: die erste Quelle des Klatsches«, erwiderte der Onkel unruhig, »mir ist die Mitteilung vom schändlichen Gerücht durch einen erprobten alten Freund des Hauses zugegangen, der sich mit mir darüber aufregt.«

»Mein Gott! dass du das so ruhig nehmen kannst!«, murmelte Nadeschda, die neben Fenia saß und langsam ihren Kaffee schlürfte, »ich war ganz außer mir, wie ich davon erfuhr. Wie schlecht ist die Welt! Ich zerbrach mir dermaßen den Kopf darüber, dass ich fast meine Migräne bekam. – – Bei dir wird es auch noch morgen nachkommen.«

»Ich zerbreche mir den Kopf nicht. Bis morgen werf ich es weit – weit hinter mich!«, sagte Fenia, und ihr Gesicht leuchtete auf.

Max Werner blickte auf sie.

Ihr Kopf lag an die Stuhllehne zurückgelehnt, die Augenlider waren so tief gesenkt, dass sie den Blick ganz verdeckten. Aber ihre Lippen wölbten sich ein wenig, – ein wenig nur, doch so überzeugend beredt im Ausdruck, als sei ihnen ein Trank zu nah gekommen, vor dem es sie ekelte.

Urplötzlich erinnerte dieser Ausdruck der vollen roten Lippen Max Werner an etwas, – an das Erlebnis im Hotelzimmer in Paris, – und durch diesen Umstand umstrahlte in diesem Augenblick in seinen Augen Fenia eine eisige, unanzweifelbare Reinheit.

Wie oft mochte sie in ihrem freien Studienleben im Auslande Verachtung empfunden haben für die Menschen, deren billige Klugheit ihre Freiheit missverstand und deren weises Urteil auf den ersten besten Schein hereinfiel!

»Vielleicht löst sich die Sache als ein unglückliches Missverständnis auf«, meinte Max Werner. »Ließe es sich nicht feststellen, wie die Dame gekleidet gewesen sein soll?«

Der alte Ravenius blickte rasch auf.

»Jawohl! die Kleidung stimmt genau. Langer Mantel, Fuchspelz, – Mütze, Muff und Kragen von Biberfell.«

»Jawohl, es ist recht schlimm!«, bemerkte Max Werner. »In Paris oder Berlin oder Wien könnte der Anzug einer Dame schon ein Erkennungszeichen abgeben. Aber hier? Hier sind die Damen auf das leichteste einer Verwechslung ausgesetzt. Denn sie sind alle gleichmäßig dunkel vermummt, höchstens drei, vier Pelzsorten variieren. Jede Dame muss eigentlich darauf gefasst sein, ein paar Doppelgängerinnen zu besitzen.«

»Das ist wirklich wahr!«, bestätigte der Baron ganz erfreut, »darauf vor allem müsste man hinweisen! Darauf gründet sich vielleicht der Klatsch. – – Und dann, denken Sie an die dichten Winterschleier, die man hier trägt! Und oft sind es nicht einmal Schleier, sondern die feinen, weichen Orenburger Wollgewebe, die unsre Damen wie ein weißes Spinngewebe vor das Gesicht binden, wenn es stark friert, – namentlich abends. – Reine Unmöglichkeit, dann jemand zu erkennen.«

»Lieber Onkel Mischa!«, unterbrach ihn Fenia, »bitte, gib dich mit dieser Geschichte nicht ab. Ich will es einfach nicht! Es ist mir fatal und gänzlich ungewohnt, dass andre sich um meinen Ruf abängstigen, – wenn der gläsern ist, – – ich bin's nicht!«

Der Baron erhob sich und berührte mit seinen langen kühlen Fingern leicht, liebkosend Fenias Wange.

»Du darfst nicht so sprechen!«, verwies er ihr ihre Worte; – »du weißt, dein guter Vater hat dich so frei erzogen, wie ich es für meine Töchter weder gewünscht noch jemals gestattet haben würde. Aber du hast ihm Ehre gemacht! Und du bist, wenn nicht meine Tochter, so doch unser teures Familienglied, für das ich einstehe überall und in allem. *C'est convenu. N'en parlons plus.*«

Fenia drückte einen flüchtigen Kuss auf die liebkosende Hand ihres Onkels, als der alte Herr so einfach und vornehm zu ihr sprach. Aber in ihre ruhige Stirn grub sich die erste kleine Falte bei seinen guten Worten ein. Offenbar empfand sie es nur peinlich, dass irgendjemand für sie einstehen, verantworten, schützende oder verteidigende Maßregeln ergreifen wollte. Sie begehrte nicht nach dem Schutz der Familie, und es erschien ihr vermutlich ebenso lächerlich wie unbehaglich, mit einem Mal wie zerbrechliches Glaszeug behandelt zu werden.

Unwillkürlich versetzten Max Werners Gedanken Irmgard in die gleiche Lage, und er sah, wie sie schon bei der bloßen Vorstellung um vernichteten Mädchenruf litt und blutete. Besaß sie wirklich so viel mehr Menschenfurcht, so viel weniger Seelenkraft als Fenia? Nein! Dafür kannte er sie zu gut. Aber was die öffentliche Moral tadelte und lobte, das tadelte und lobte sie selbst bis zu gewissem Grade auch. Wenn sie in Zwiespalt mit der vorgeschriebenen Lebensführung geriet, dann geriet sie auch mit sich selbst in Zwiespalt. Daher mitten im Rausch eines Kusses das Erzittern geheimer Angst, als besäßen die Wände Ohren, – daher das Gefühl, dass die Liebe sowohl der Genius ihres Lebens als auch der allmächtige Dämon und Versucher sei, dem

Gewalt gegeben ist, den Engel zu verscheuchen. – Irmgard erwartete von der Liebe nicht – Fenias »Frieden«.

Während alle in der Plauderecke verstummt waren und Max Werner seine Gedanken so weit forttrugen aus dem Kreise, worin er sich befand, stand Fenia auf und trat, begleitet von der Russalka, an eines der hohen Fenster ihm grade gegenüber.

Mit etwas erhobenen Händen fasste sie in die schweren dunkelroten Damastvorhänge, die geschlossen vor dem Fenster herabhingen, und schob sie ein wenig auseinander, um hinaussehen zu können.

Max Werner fiel ihre eigentümlich schöne Rückenlinie in dieser Haltung mit gehobenen Armen und vorgeneigtem Kopfe auf, und seine Blicke blieben darauf ruhen. Noch immer hatte sie die Vorliebe für dunkle, schlichtfallende Kleider, und noch immer trug sie ihr Haar in zwei lichtbraunen Flechten kranzförmig um den Kopf geschlungen.

Irgendetwas trieb ihn, sich ihre ein wenig gezwungene Haltung gelöst zu denken, passiv geworden, – er meinte vor sich zu sehen, wie ihre Hände den Vorhang zusammenfassen und vor das Gesicht ziehen, – wie der Kopf sich tiefer und tiefer herabneigt in die schweren tiefrot schimmernden Falten, – wie der Rücken gebeugt ist, – die Schultern weiche, gleitende Linien bekommen, – bis die ganze Gestalt in sich gesunken dasteht und, das Antlitz im Vorhang geborgen, weint. –

Es war wie eine Zwangsvorstellung, aber nicht durch seelische Eindrücke oder Mutmaßungen hervorgerufen, sondern wie ein malerischer Zwang, der in den Linien lag, die durchaus in dieser Weise zusammenfließen wollten, – hartnäckig alle Wirklichkeit fälschend.

Aber dafür ging von dem Illusionsbilde eine fast seelische Wirkung aus, – etwas von dem widerspruchsvollen Zauber, den Fenia ursprünglich für ihn besessen hatte. –

Er fuhr sich über die Augen, die zu schmerzen anfingen, – nervös geworden.

Da sagte mitten in das Schweigen hinein Nadeschda in ihrem fest anerzogenen, ihr eingewöhnten Bewusstsein, dass es schicklich sei, sich irgendwie zu unterhalten:

»Heute Abend muss draußen herrliches Wetter sein.«

Fenia wandte sich rasch zu ihr um.

Die Hände unwillkürlich noch ausgebreitet, den Vorhang wie zwei schwere Flügel hinter ihrem Rücken, stand sie da, ein Bild sorgloser Gesundheit und lächelnder Freude, und rief hell:

»Bitte, Onkel Mischa! nehmen wir eine große Troika und fahren wir Schlitten!«

Das Hotel de Paris, wohin Max Werner bei seiner Ankunft in Petersburg geraten war, befand sich zurzeit grade im Zustand einer teilweisen Renovierung, weshalb man seine schönsten Zimmer, diejenigen mit der Aussicht auf den Isaaksplatz und die Isaakskathedrale, sämtlich gesperrt hielt. Infolge der daraus entstandenen Überfüllung in den übrigen Räumlichkeiten sah er sich auf einen Winkel angewiesen, wo er, eingeklemmt zwischen einem Ungetüm von Ofen und einem fest verklebten, unaufschließbaren Fenster, fast zu ersticken meinte. So zog er denn an einem der folgenden Tage aus und fand schließlich in einem echt russischen Gasthof, der »Ssewernaja Gostiniza«, auf dem entfernteren Teil des Newskij-Prospekts ein ihn ansprechendes, preiswürdiges Zimmer mit viel Licht und freiem Blick über den weiten Platz vor dem Moskauer Bahnhof.

Den Abend nach seinem Umzug dorthin passierte ihm etwas Seltsames.

Müde der Kramerei und der Scherereien des Nachmittags, flanierte er ganz ohne Ziel ein gutes Stück jenes Newskij-Endes hinab, dessen unbelebte Straße er kürzlich vom Moskauer Bahnhof bis zum Alexander-Newskij-Kloster hin mit Interesse studiert hatte.

Da, etwa zwanzig Minuten vom Kloster, in dieser des Abends völlig vereinsamten Gegend, hält ein Schlitten mit drei Pferden und klingelnden Schellen am Trottoir.

Ein Paar ist im Begriff hineinzusteigen. Der Herr groß, elegant gewachsen, in eng anliegendem kurzem Pelz, – die Dame von Fenias Wuchs, mit Biber an Kragen, Muff und Mütze.

Sie wendete Max Werner beim Einsteigen den Rücken zu. Nur sekundenlang erhaschte er ein Stückchen verlorener Profillinie im Licht der hier nur spärlich brennenden Gaslaternen, – und doch! – es *musste* Fenia sein!

Er zweifelte nicht daran, – ja, er zweifelte so wenig, dass er nicht wagte, seinen Schritt anzuhalten, oder sie anzurufen, oder zu grüßen, – und im nächsten Augenblick sauste der Schlitten in der Richtung des Klosters nach den Stadtgrenzen hinaus.

Er zog die Uhr. Es war elf vorüber.

Eine ungeheure Spannung bemächtigte sich seiner. Fenia! sollte Fenia ihn zum zweiten Mal in seinem Leben zum Dummen gemacht haben, – dieses Mal im entgegengesetzten Sinn wie damals? Er war jetzt genauso geneigt gewesen, in Fenia nur das herb Unschuldige zu sehen, als sei es ein für alle Mal ihre Eigenart und Signatur, wie er in Paris geneigt gewesen war, dahinter ein besondres Raffinement zu wittern.

»Warum nur? Warum hatte er in beiden Fällen ihr Wesen so typisch genommen, so grob fixiert?«, fragte er sich. Es war ganz merkwürdig, wie schwer es fiel, die Frauen in ihrer rein menschlichen Mannigfaltigkeit aufzufassen und nicht immer nur von der Geschlechtsnatur aus, nicht immer nur halb schematisch. Sei es, dass man sie idealisierte oder satanisierte, immer vereinfachte man sie durch eine vereinzelte Rückbeziehung auf den Mann. Vielleicht stammte vieles von der sogenannten Sphinxhaftigkeit des Weibes daher, dass seine volle, seine dem Mann um nichts nachstehende Menschlichkeit sich mit dieser gewaltsamen Vereinfachung nicht deckte.

Am nächsten Morgen war es Max Werners erster Gedanke, Fenia einen Besuch zu machen.

Sie wohnte etwa eine halbe Stunde den Newskij-Prospekt weiter zur Admiralität hinauf in einem ganz aus *chambres meublées* bestehenden Hause. Unten im behaglich durchheizten Treppenraum, der oft eleganter zu sein pflegt als die Wohnungen selbst, nahm ein Portier mit prächtigen Silberlitzen auf seiner Livree den Ankommenden die Pelze ab. Auf der teppichbelegten Treppe begegnete man auch gewöhnlich der Wirtin, einer Provinzlerin in losem, weit nachschleppendem Kattunrock, die hier von früh bis spät umherstrich und überall eine gewisse Unruhe und Unordnung um sich verbreitete. Außer ihrem Russisch radebrechte sie nur noch ein fehlerhaftes Französisch, Deutsch war ihr gänzlich fremd.

Fenia besaß einen eigenen Eingang von der Treppe in ihr Wohnstübchen, das sich in ein schmales Schlafgemach öffnete. Das Fenster war ganz vollgestellt mit schönen Blattpflanzen, die in der gleichmäßigen russischen Zimmertemperatur so vortrefflich gedeihen. Neben dem Fenster, über eine Näharbeit gebeugt, saß Fenia, als Max Werner eintrat.

Sie blickte auf und streckte ihm mit Herzlichkeit die Hand entgegen.

»Das ist schön, dass Sie kommen. Setzen Sie sich dorthin. Ich meinte gestern Abend, ich würde Sie bei meinem Onkel treffen. – Setzen Sie sich. Wollen Sie rauchen?«

»Sie waren *gestern Abend bei Ihrem Onkel?* Waren Sie lange da?«, fragte er mit schlecht verhehltem Interesse und fügte deshalb schnell hinzu: »Nun, hat er sich über die Klatschgeschichte beruhigt?«

»Bis zum Tee blieb ich. – Diese alberne Geschichte hab ich ihm ziemlich ausgeredet«, sagte Fenia ruhig und stichelte an ihrer Arbeit. Sie hatte heute eine weiße Morgenbluse an, worin sie weit jünger aussah, kindlicher. Ihre beiden Flechten hingen ihr den Rücken hinunter.

»Dann wird die arme Dame, die da gesehen worden ist, also wohl nicht weiter durch Nachforschungen behelligt werden. Sonst hätte dabei noch das Drollige herauskommen können, dass sie plötzlich irgendeine eigene, vielleicht recht delikate Angelegenheit an die große Glocke gehängt sieht, – um Ihretwillen, Fenia. Täte Ihnen das nicht leid?«, bemerkte er halb scherzend, halb ironisch.

Fenia hörte nicht auf den ironischen Ton hin. Sie stützte das Kinn auf die Hand, sah ihn an und sagte unwillig:

»Ja, wissen Sie, das ist doch wirklich etwas Abscheuliches! Ich meine, dass den Frauen in manchen Beziehungen die Heimlichkeit einfach aufgezwungen wird!

Dass sie auch noch froh sein müssen, wenn sie gelingt, – und vom Mann wie etwas Selbstverständliches erwarten, dass er sie durch seine Diskretion, seine Schonung, seine Vorsicht schütze und beschirme. – Ja, es mag notwendig sein, so wie die Welt nun einmal ist, aber es ist das Erniedrigendste, was ich noch je gehört habe. Etwas verleugnen und verstecken müssen, was man aus tiefstem Herzen tut! Sich schämen, wo man jubeln sollte!«

Sie erregte sich an ihren eigenen Worten. Ihre Wangen brannten, und ihre Augen wurden tief und blitzend.

Die ein wenig frivole Spannung, in der Max Werner heute zu ihr gekommen war, verlor sich mehr und mehr; je länger er ihr zuhörte, desto menschlicher kam er ihr nah. Er bemühte sich, ganz so zu tun, als hielte er ihre Erregung für durchaus sachlicher Natur und als handle es sich für sie lediglich um einen ihrer beiderseitig ungeheuer tiefsinnigen Dispute.

»Sie vergessen doch etwas sehr Wesentliches, Fenitschka«, warf er ein, »nämlich dass die öffentliche Meinung meistens doch nur die Hälfte der Schuld trägt. Denn zur andern Hälfte liegt es ja doch schließlich im Wesen aller intimen Dinge selbst, dass sie geheim bleiben wollen, – dass ihnen jede Entblößung vor fremden

Augen und Ohren das Zarteste ihrer Schönheit nimmt. Manchen sensitiven Menschen empört schon die offizielle Trauung gegen die Ehe, – wie viel weniger könnte nun ein solcher eine andre Form der Liebe, eine nicht allgemein anerkannte Liebe öffentlich bloßstellen, – wie könnte er etwas so unendlich Intimes und Verwundbares mitten in einen rohen Kampf hineinzerren, – sozusagen auf die Straße stellen zwischen den Pöbel –«

Fenia hatte sehr aufmerksam zugehört.

»Ja«, sagte sie langsam, »so mögen wohl Männer urteilen, – – ihr, denen alles gestattet ist und für die darum auch kein andrer Beweggrund zu einer Geheimhaltung vorzuliegen braucht als nur solch ein innerer. Aber für uns ist das ganz etwas andres. Wir fühlen das wohl auch, – ja sicher noch viel feiner und scheuer als ihr, – – aber wir fühlen auch den Schein von Feigheit, der auf uns fällt dadurch, dass wir der Heimlichkeit zu bedürfen glauben. Eine jede Heimlichkeit scheint nicht aus Feingefühl, sondern aus Menschenfurcht da zu sein, – – und dann demütigt es uns auch, wenn wir uns von Menschen achten und verehren lassen müssen, deren ganze Anschauungsweise uns vielleicht verdammen würde im Falle unsrer Offenheit.«

»Das kann unangenehm sein!«, gab er zu, »aber sobald es nur ein Opfer ist, das wir bringen, und nicht ein erlogener Erfolg, den wir suchen, – kann man sich doch wohl darüber hinwegsetzen. All dies ist ja nur der *Schein* der Feigheit, – das klar zu erkennen und ruhig zu tragen wäre eigentlich erst die rechte Überlegenheit über die menschlichen Vorurteile. Meinen Sie nicht? Sonst ist man doch eigentlich nur ein Wahrheitsprotz.«

Fenia schüttelte den Kopf und blickte nachdenklich in das Fenster hinein, wo zwischen den Doppelscheiben dicke weiße Watteschichten jeden Luftzug absperrten und mit Waldmoos und bunten Papierblumen hässlich genug ausgeschmückt waren.

Man konnte ihren beweglichen Mienen aufs deutlichste ansehen, dass sie über irgendeinen Gedanken mit sich selbst ins Reine zu kommen versuchte.

»Ach, Überlegenheit! Was soll mir die!«, sagte sie darauf wegwerfend, »wir haben nun einmal das Verlangen, für das, was uns am teuersten ist, auch am offensten einzutreten; und wir schätzen sogar ganz unwillkürlich den Wert einer Sache ein wenig danach ab, ob wir sie zu einer Gesinnungssache machen würden, – ob wir für ihr Recht *kämpfen* können.«

»Mein Gott! die Frauen sind jetzt aber auch so entsetzlich kampflustig geworden!«, bemerkte er lachend, – »so entsetzlich positiv und aggressiv, dass es kaum zum Aushalten ist! Sehen Sie, das kommt nun von all der Frauenbefreiung und Studiererei und all diesen Kampfesidealen. – – – Die Frauen sind die reinen Emporkömmlinge! Verzeihen Sie, – – es liegt ja etwas ganz Jugendliches und Kräftiges drin, aber es hat nicht den vornehmen Geschmack. Alles zur Diskussion zu stellen, selbst das Undiskutierbarste, alles in die Öffentlichkeit zu werfen, selbst das Intimste, – – finden Sie das etwa schön? Ich nicht! Es vergröbert alle Dinge ungeheuer, fälscht sie ins Nationalistische hinein, wischt alle zarten Farbennuancen fort, setzt allem grässliche, grelle Schlaglichter auf –«

Obwohl Fenia gegen ihn stritt, so sah sie ihn doch ganz unverkennbar so an, als ob sie sich ganz gern widerlegt sähe.

Während er so schön sprach, dachte er an etwas ganz andres:

»Wer mochte dieser Mann sein? Ob er sie schon lange liebte? oder ob es nur ein loses Liebesabenteuer war? Sie war so friedlich und glücklich, – der Klatsch erst hat sie aufgestört, – – ob sie seiner so ganz sicher war –?«

Schließlich brach er, durch diese Nebengedanken behindert, seine Rede ab und platzte ungeduldig heraus:

»Aber das sind ja überhaupt doch nur Bagatellen! Für zwei Liebende bleibt die Hauptsache doch immer, wie sie zueinander, nicht wie sie zur Welt stehen. – – – Wie lange das Glück währen mag, – wie gefestigt es ist, – oder ob man sich bei der ersten Not wieder verlässt, – das quält viel mehr.«

Um Fenias Lippen glitt das sorglose unbefangene Lächeln, das für sie charakteristisch war.

»Warum soll denn das quälen?«, fragte sie halb verwundert und halb phlegmatisch, – »ich könnte mir gar nicht denken, dass ich einen Mann, den ich lieb gehabt habe, grade in der Not verließe.«

Dermaßen naiv klang das, dass er fast hell aufgelacht hätte.

Er wurde sogar plötzlich ganz irre an seinen bestimmtesten Mutmaßungen. – –

An den verlassenen *Mann* hatte er nicht grade gedacht! – – Führte sie ihn vielleicht doch hinters Licht? Wäre sie nun doch wieder in Wirklichkeit die unschuldige Fenia, so wäre das ja einfach, um aus der Haut zu fahren.

Etwas nervös griff er in Fenias Garnröllchen, die auf ihrem Nähtisch herumlagen, spielte mit ihnen und legte sie unschlüssig wieder hin. Er war gradezu verdrießlich.

Endlich stand er auf, um fortzugehn. Aber jetzt konnte er sich doch nicht enthalten, zu bemerken:

»Wissen Sie übrigens, dass ich kürzlich Ihre Doppelgängerin ebenfalls zu sehen geglaubt habe?«

»Ach!«, machte Fenia frappiert, und fragte nach kurzem Schweigen:

»Wann denn?«

»Gestern Abend. Nicht sehr weit vom Kloster, wo wir uns neulich trafen. Sie stieg mit einem Herrn in einen Schlitten und sauste mit klingelnden Schellen davon. – – – Ich habe sie übrigens nur von hinten gesehen«, fügte er schnell hinzu, denn plötzlich zweifelte er durchaus nicht länger, und schämte sich seiner unritterlichen Aufwallung. »Also vielleicht sieht sie Ihnen auch nur von hinten ähnlich, Fenitschka.«

Sie erhob sich von ihrem Stuhl und las mit gesenkten Augen von ihrem Rock die Fäserchen und Fädchen ab, die beim Nähen daran hängen geblieben waren.

Sie sah blass und in sich gekehrt aus. Sehr lieb sah sie aus.

Ihm tat es weh, er verwünschte sich und blickte mit Anstrengung fort.

Da reichte Fenia ihm zum Abschied die Hand.

»Nun, – und wenn sie mir auch von vorn geglichen hätte, – Ihnen das Gesicht zugekehrt hätte, – *mein* Gesicht, – was hätten Sie sich dann gedacht?«, fragte sie und sah ihn dabei an.

Er hielt ihre etwas kalte, etwas nervös zuckende Hand in der seinen, beugte sich darüber und drückte zwei Küsse darauf.

»Liebe Fenitschka!«, murmelte er, – »ich würde mir auch dann nichts weiter gedacht haben als nur: welche frappante Ähnlichkeit.«

Dies geschah am Vormittag.

Am Abend wollte Max Werner in die kaiserliche Oper und kehrte nach sieben Uhr in seinem Hotel ein, um sich dazu umzukleiden.

Sein Zimmer lag zwei Treppen hoch, dem Treppenaufstieg schräg gegenüber.

Als er im Hinaufsteigen einmal aufblickte, sah er von oben herab eine verschleierte Dame kommen, die er durch Haltung und Bewegung fast augenblicklich erkannte.

Es war Fenia.

Ihn durchblitzte förmlich der Schreck, ihr in den Weg gekommen zu sein. Diese erste jähe Überraschung in seinen Zügen konnte er hinterdrein nicht wiedergutmachen, mit so unbeteiligter Miene er dann auch, fremd und harmlos, auf der Treppe an ihr vorbeizugehn suchte.

Sie zauderte einen Augenblick auf der Stufe, wo sie einander begegnet waren.

Dann, blitzschnell, drehte sie sich um, eilte ihm die übrigen Stufen nach, erreichte ihn grade noch, als er im Begriff stand, ganz entsetzt in seinem Zimmer zu verschwinden, und riss den Schleier von ihrer Mütze.

»Max!«, schrie sie leise, heiser, mit zugeschnürter Kehle; »nein! das hier ertrag ich nicht!«

In höchster Bestürzung blieb er stehn, und seine erschrocken forschenden Blicke irrten über sie weg nach der Treppe, ob auch niemand ihren Aufschrei gehört habe.

Dann stieß er die schon aufgeschlossne Zimmertür auf und schob Fenia, so eilig er konnte, hinein. Denn vom untern Stockwerk wurden Stimmen laut, und einer der Tatarenkellner geleitete fremde Herrschaften hinauf.

»Liebe Fenitschka!«, murmelte er fassungslos und horchte gespannt nach dem Gang.

Sie stand, den Schleier in ihrer Hand zusammengekrampft, und zitterte am ganzen Leibe, während sie mit einem wilden Blick um sich sah und hinter sich, – als stände da irgendjemand.

»Nein! nein! ich will das nicht! ich ertrag das nicht!«, rief sie außer sich, – »Sie glauben, mich mitleidig ignorieren zu müssen, – und jetzt wieder – – – mich schützen, – ich bin doch keine Verbrecherin, die man aus lauter ritterlicher Schonung nicht erkennt, – – o nein, pfui!«

Und sie brach in leidenschaftliches Weinen aus. Er schob den einzigen bequemen Lehnsessel heran und drückte sie sanft hinein.

»Beruhigen Sie sich doch nur ein wenig, Fenitschka«, sagte er, – »was sind denn das für Ideen – Verbrecherin, – Unsinn! Wollen Sie etwas trinken? Wein, – Limonade? – Knöpfen Sie den Pelz ein wenig auf, Sie ersticken mir sonst noch hier. Darf ich ihn ein wenig aufknöpfen?«

Sie stieß seine Hand hinweg und weinte weiter. Er kniete neben ihr auf den Teppich hin und bückte demütig den Kopf.

»Ach, Fenia!«, sagte er lachend, »was sind Sie doch für ein verrückter Kerl! – Wenn Sie wütend sind, so zausen Sie mich, bitte, am Haar, – schlagen Sie mit

Ihren lieben Fäusten drein, – das dürfen Sie tun. – – Aber mit solcher Hingebung zu weinen! – Werden Sie wieder ruhig und lieb, ja? – – Sonst sperre ich Sie wahrhaftig ein und stelle Sie in den Winkel. – – – Wissen Sie nicht mehr, wie ich Sie mal eingesperrt habe in Paris? Ach ja, damals haben Sie mich einigermaßen misshandelt. Aber jetzt – jetzt sind wir doch Freunde, feste, gute Freunde! Etwa nicht, Fenia? Ich gehe für Sie durchs Feuer, wenn Sie wollen.«

Sie nahm ihr Taschentuch vom Gesicht und sah ihn mit ihren nassen, geröteten Augen an.

»Wie sollte ich wissen, dass Sie hier wohnen«, sagte sie mit noch von Tränen erstickter Stimme, – »Sie waren ja doch im Hotel de Paris. – – Sonst wäre ich – hätte ich – –«, sie stockte und wurde verwirrt.

»Ja, das war eine entsetzliche Dummheit von mir, es Ihnen nicht rechtzeitig zu sagen, dass ich jetzt hier – – aber andrerseits, wissen Sie, konnte ich ja auch nicht wissen, dass Sie – «, murmelte er, und setzte in leichtem Ton hinzu: » – nun, was macht es denn! Soll ich Ihnen einen Schlitten besorgen? Waren Sie im Fortgehn?«

Fenia sprang auf, und eine Blutwelle ergoss sich über ihr verweintes Gesicht. Sie sah zornig und beinah wild aus.

»Hören Sie mich!«, rief sie entschlossen, »wozu spielen Sie Komödie mit mir, wozu fassen Sie mich wie eine zerbrechliche Puppe an, der man gern was vormachen kann, wenn man sie nur schön in Watte packt! Ich weiß sehr gut, dass Sie alles wissen! Nun wohl, so wissen Sie es denn! Ja, ja, ja, es ist so! Ich kam hierher, weil ich neulich hier in meinem Zimmer etwas vergessen habe. Denn ich *habe* hier ein Zimmer. – – – Und gestern Nacht, – gestern Nacht war ich es, die in den Schlitten stieg mit einem Mann, den ich lieb habe!«

Er fand sie herrlich, wie sie mit fliegendem Atem das sagte. Herrlich wie ein Mensch, der Gefahren trotzt, wie ein Mensch im Todessprung, oder vor dem Feinde, vor dem Schuss, den er nicht in den Rücken erhalten will. In ihrem Gesicht prägte sich ein verzweifelter Heroismus aus, und in ihren Blicken zitterte dennoch das ganze Entsetzen vor der Heimlichkeit, vor der Verfolgung, – und vibrierte in ihrer Stimme.

Er fasste ihre Hände und küsste sie.

»Danke, Fenia!«, sagte er ernst, »ich danke Ihnen! Nein, wir wollen keine Komödie spielen, – wir haben es beide nicht nötig, – nicht wahr? Dafür aber nehmen Sie mich zum Freunde und Bundesgenossen an, ja? – – Ich weiß wohl, dass nur der elende Zufall mich zum Mitwisser gemacht hat. Aber lassen Sie es keinen Zufall bleiben, machen Sie ein Vertrauen daraus! Darf ich es so auffassen?«

Sie zog ihre Hände aus den seinen, hob sie an ihre Schläfen, als sei ihr der Kopf am Zerspringen, und schaute ihn ganz ratlos und kindlich an.

»Wissen Sie, das ist wie eine Erlösung! – Wie eine Erlösung!«, sagte sie, – »wie eine Erlösung, dass es ausgesprochen ist! Wenn ich es doch schnell hinausschreien könnte, – hinaus! hinaus! Allen in die Ohren! So dass niemand es erst mit seiner Neugier zu erschleichen braucht! – – – Ach, ein Grausen hab ich in letzter Zeit bekommen, – ja, ein solches Grausen, als ob lauter Gespenster um mich herumliefen, – ein Grausen, wie ich es als kleines Kind manchmal im Traum gehabt habe, wenn jemand hinter mir war, und ich lief und lief, – – und doch nicht vorwärts konnte.«

Es durchschauerte sie. Ihre Augen öffneten sich ganz groß und erschreckt.

»Sie müssen sich zusammennehmen, Fenia!«, sagte Max Werner in bestimmtem Ton und fasste ihre Hand, »augenblicklich sind Sie in einem Zustand, wo Sie sich fortwährend selbst verraten würden. Ich lasse Sie so nicht fort. – – Dies Grausen, wovon Sie sprechen, müssen Sie beherrschen, es darf Ihnen nicht über den Kopf wachsen, hören Sie? Es ist Nervenüberreizung, es wird vorübergehn, Fenitschka.«

Sie hatte den Pelzmantel vorhin zurückgeworfen und auf die Sessellehne hinter sich niedergleiten lassen. Sie stand im Kleide, aber scheu, wie auf dem Sprung. Ihre Blicke gingen flüchtig durch das Zimmer, über die ihr fremde Umgebung, als frage sie sich nun erst, warum sie eigentlich hergeraten sei, warum sie verweile.

Max Werner fürchtete, dass nach dem ersten, fast willenlosen Ausbruch sie sich plötzlich von ihrer eignen Offenheit kalt und peinlich berührt fühlen könnte, – unter der Situation leiden, worin sie sich ihm gegenüber befand. Er fügte deshalb schnell hinzu:

»Sehen Sie sich nicht erst hier um, es ist kein herrlicher Aufenthaltsort, das geb ich zu! Aber da Sie einmal bei mir zu Besuch sind, entlaufen Sie mir nicht gleich wieder, Fenitschka. Setzen Sie sich ein wenig her, hier ist niemand, der Sie beunruhigen oder belauschen kann, – denken Sie sich, Sie seien ruhig zu Hause. – – Und wissen Sie, dass in diesem selben Zimmer Ihnen jemand nahe ist, der auch ›das Grausen‹ hat überwinden müssen, um meinetwillen, Fenia, – jemand, den Sie innig lieben würden.«

Damit hatte er das richtige Wort getroffen. Sie setzte sich wieder und blickte ihn erstaunt und erwartungsvoll an, – für den Augenblick von sich selbst abgelenkt –.

»Ist ›sie‹ hier? Wo?«, fragte sie leise.

»Nein, sie selbst nicht. Aber dort im Handkoffer, – da liegen wohlverschlossen in einer Kassette alle ihre Briefe. Und so sind Sie hier in feiner, lieber Menschennähe, Fenia, das dürfen Sie glauben. Diese Briefe würden Ihnen erzählen, wie gern auch sie offen gegen alle Welt wäre, – und es doch nicht darf.«

»Ja, ja!«, fiel Fenia etwas hastig ein, – »genauso ist es eigentlich auch bei uns.«

»Haben Sie ihn hier in Russland getroffen?«

»Nein. Er ist mir hierher nachgereist.«

»Also kein Russe.«

Sie sah erstaunt auf.

»Kein Russe?! – – Ach so, – ja, warum sollten Sie nicht meinen, dass es ein Ausländer sein könnte – –. Kein Russe! nein, das wäre mir unfasslich. Für mich liegt eine ganze Welt darin, dass er ein Russe, – mein Landsmann, mein Bruder, ein Stück von meinesgleichen ist.«

»Sie haben doch aber mit Ausländern schon so früh und so vertraut verkehrt, studiert, – wie leicht hätte einer –«

»Ja, verkehrt, studiert!«, unterbrach sie ihn. »Und damals dachte ich auch wohl: Die Liebe, das ist sicher nur die höchste Fortsetzung solcher kameradschaftlichen Freundschaft, wo man ja schon so vieles teilt –.«

»Aber keinen davon haben Sie geliebt?«

Sie schüttelte den Kopf. »Nein. Nie. Um manchen, der um deswillen fortging, trauerte ich. Aber was konnte das ändern? Ich wartete darauf, dass die Freundschaft in mir bis zur Liebe stiege – –. Sie stieg auch zuweilen, – immer höher und höher, – aber nicht in die Liebe hinein, – sie wurde dann zugleich immer dünner und spitzer, – – und eines Tages brach stets die Spitze ab.«

»Also ist es schließlich auch gar nicht einer Ihrer eigentlichen Geisteskameraden gewesen?«

»O nein!«, sagte sie lebhaft, – »es war einer, mit dem ich noch nichts teilte. Den ich kaum kannte. – Grade nach Beendigung meiner Studien, während einer Erholungsreise. – – Ja, und im Grunde trieb es mich auch nicht, mit ihm dies und das zu teilen, – oder irgendwohin dort oben hinaufzuklettern, wo die Spitzen doch immer abbrachen. – – Dazu war ich auch zu angestrengt und erholungsfroh. – – Aber mich trieb es fast von der ersten Stunde an, zu ihm hinzutreten und ›du!‹ zu ihm zu sagen.«

Sie hatte den Kopf gesenkt und sprach mit einem glücklichen Lächeln um die Lippen. Sie sah bei ihren Worten ganz weltentrückt und bräutlich aus. Er schaute sie mit Entzücken an.

»Ja, so geht es nun im Leben zu«, bestätigte er, bemüht, sie in der schönen Stimmung zu erhalten, »man macht sich große Theorien, man will geistig zusammenpassen und will sich auf Herz und Nieren prüfen, – und schließlich wählt man einander doch in der Gunst der Stunde, und ohne alle weitern Kennzeichen.«

»Aber das sind ja die allertiefsten Kennzeichen!«, rief sie erstaunt, – »das ist ja eben der ungeheure Irrtum, zu glauben, dass ›Geist‹ und ›Seele‹, und wie alle diese schönen Dinge im Menschenverkehr heißen, etwas Edleres oder Tieferes sind als sie. Nein, das weiß ich besser! Besonders der Geist, der ist schon durchaus nicht edler, sondern das Gröbste und Pöbelhafteste ist er, und saugt sich mit seinem kalten Interesse unterschiedslos an die allerverschiedensten Menschen an, um sie loszulassen, sobald er ihnen ihr Interessantes entnommen hat. Das hab ich oft getan, – pfui! – – Aber auch die sogenannten seelischen Freundschaften! Etwas wählerischer sind sie, aber auch sie kann man zu mehreren Menschen haben, mehrere können sich folgen, denn man bekommt ja auch in ihnen nur ein Teilchen des ganzen Menschen, und gibt nur ein Teilchen. – – Man bleibt bewusst, – geizig, – genügsam.«

Was sie da sagte, kam ihr aus dem tiefsten überzeugten Herzen. Sie verkündete es wie eine jauchzend errungene Lebenserkenntnis, – sie war stolz darauf.

»Sie sind ein rätselhaftes Mädchen, Fenia!«, sagte Max Werner. »Und ich – ich habe Sie für kühl gehalten – –. Oder doch wenigstens nicht recht zugänglich für den wirklichen Rausch. Wer so jahraus, jahrein mit Männern umgehn und studieren kann, ohne jemals in *das* überzuschlagen, was – nun, was in solchen Fällen doch wohl das Gewöhnlichste ist –«

»Das Gewöhnlichste?! Nein, das glaub ich schon nicht. – Es ist ja das Seltenste und Vornehmste, was es im Leben geben kann. So sehr, dass alles andre daneben nur noch schäbig und gemein aussieht –«

»Sie *meinen* das wirklich – – –?«

»Ja, sicherlich, mein Gott! Wie kann man daran zweifeln! Wie können Sie es, der selber geliebt wird!«, rief sie, rot überflammt von Erregung, und sprang auf, – »da kommt nun etwas und nimmt einen hin, und man gibt sich hin, – und man rechnet nicht mehr, und hält nichts mehr zurück, und begnügt sich nicht mehr mit

Halbem, – man gibt und nimmt, ohne Überlegung, ohne Bedenken, fast ohne Bewusstsein, – der Gefahr lachend, sich selbst vergessend, – mit weiter – weiter Seele und ohnmachtumfangenem Verstande, – – und das, *das* sollte nicht das Höhere sein? Darin sollten wir nicht unsre Vornehmheit, unsern Adel haben? – –«

Sie stand da, von ihren eignen Worten berauscht, und sah so schön aus –.

Er hütete sich wohl, die Einwände laut werden zu lassen, die ihm auf der Zunge saßen.

Fenia erwartete auch keine Antwort. Sie verstummte, besann sich einen Augenblick auf die Wirklichkeit und sagte dann mit ihrer gewöhnlichen Stimme:

»Helfen Sie mir in den Pelz. Ich will jetzt endlich nach Hause fahren.«

Er hielt ihr den Pelzmantel hin und bemerkte bittend:

»Aber doch nicht allein? Soll ich Sie nicht nach Hause begleiten? Sie sind jetzt doch in ganz beruhigter und fröhlicher Stimmung, nicht wahr, Fenia, – ich kann mich darauf verlassen?«

Sie nickte.

»Ja. Mag's nun kommen, wie es Lust hat. Ich kann nicht lange so gequält leben. Ich muss sorglos leben, oder gar nicht. Darum sind Heimlichkeiten mir so unsäglich wider die Natur. – – Froh bin ich, dass ich jetzt wenigstens zu Ihnen offen sprechen kann. – – Aber bitte, begleiten Sie mich nicht. Der Portier unten wird mich in den Schlitten setzen. Ich möchte lieber allein sein.«

»Wie Sie wünschen. Aber zum mindesten gehen Sie nicht so fort, Fenia, – möchten Sie sich nicht erinnern – nach allem, was wir nun gemeinsam haben, – dass wir schon einmal Brüderschaft getrunken haben? Möchtest du nicht, wenn du nun zu mir sprichst, mich ein bisschen weniger steif anreden?«

»Ja gewiss. Du – und Bruder – von heute an!«, entgegnete sie herzlich und ernst. »Ich werd es nicht vergessen. Ich nehm es als einen festen Bund.«

»Danke, – und die Bundesbesiegelung?«, fragte er und hielt ihre Hand noch fest, als sie auf die Tür zuging. Da hob sie den Kopf und gab ihm einen Kuss auf den Mund, – einen herzlichen, unbefangenen Kuss.

Aber ihre Lippen brannten noch von den leidenschaftlichen Worten, die sie vorher gesprochen.

Max Werner blieb keine zwei Wochen mehr in Petersburg, aber in der Rückerinnerung kam es ihm immer wie eine weit längere Zeitstrecke vor, so reichen

Inhalt empfingen diese Wochen durch seine neue Beziehung zu Fenia.

Selten ein Tag, wo er sie nicht sah, selten einer, wo er nicht den ungewohnten Reiz einer so zutraulichen weiblichen Nähe ohne alle erotischen Nebengedanken durchkostete. Es schien ihm ein gradezu idealer Fall, geschaffen dank ihrer beiderseitigen Benommenheit von einer andern Liebe, und ganz besonders begünstigt durch Fenias Gewohnheit, sich Männern gegenüber zwanglos gehn zu lassen.

»Ein Mädchen wie Irmgard erschließt sich nur, wo es liebt, und hält sich sonst stets in der etwas kalten Strenge ihrer Mädchenhoheit zurück, – verschlossen und herb. Aber schließt sich denn ein Weib wirklich auf, wo es liebt? Täuscht es sich nicht unwissentlich darüber?«, fragte er sich oft.

So zum Beispiel sprach Fenia sicher zu dem Manne ihrer Liebe mit viel rückhaltloserer Intimität als zu ihm, – aber tat sie es nicht auch weniger einfach und sachlich, – unbewusst bemüht, alles Verwandte in ihm und ihr hervorzukehren und einander zu vermählen, alles Störende zu beseitigen?

Ihm gegenüber fiel das fort, und er sah sie manchmal vor sich gleich einem Modell, dessen Seelenformen er nur abzubilden brauchte, – nicht so, wie eine Geliebte vor ihm stehn würde, deren seelische Reize so individuell wirken, dass sie das klare Urteil bestechen und verwirren, – sondern wie ein Stück weiblichen Geschlechtes in der bestimmten Verkörperung, die sich Fenia nannte. Zum ersten Mal glaubte er, dem Weibe als solchem nah zu kommen, indem er Fenia immer näher kam.

Persönliches aus ihrem Liebesleben erzählte sie ihm nie. Sein Wissen um dieses Ereignis wirkte nur wärmend und belebend auf alles, was sie sonst miteinander teilten. Seine Gedanken indessen kreisten mehr als einmal um den ihm fremden Menschen herum, dem dies liebe Geschöpf zugehörte, und je nach Laune und Stimmung machte er sich von ihm die allerverschiedenartigsten Vorstellungen.

Während einer Abendgesellschaft beim alten Baron, wohin er Fenia begleitet hatte, erwähnte sie gegen ihn zum ersten Mal wieder der heimlichen Angelegenheit, wodurch sie Freunde geworden waren.

Das Souper war eben beendet, und man stand oder saß zwanglos in kleinern Gruppen zusammen, wie der Zufall es grade gab. Er hatte sich lange mit Nadeschda und ihrem Verlobten unterhalten, – dem Typus eines

Brautpaars, das sich gern isolieren möchte und stattdessen seine Blicke und Worte an alle verteilen muss. Jetzt näherte er sich Fenia, die im Augenblick allein – und wie immer in lächelnder Beobachtung des bunten Menschenbildes, – hinter einer Palmengruppe am Fenster saß, und blieb vor ihr stehn.

»Weshalb schaust du mich so an?«, fragte Fenia.

»Ich vergleiche dich im Stillen mit der andern Braut hier im Saal; an der armen Nadeschda ist heute alles erzwungene Höflichkeit und verhaltene Sehnsucht; sie hat rote heiße Flecken auf den Wangen, und ihre Augen glänzen zu sehr.«

Fenia lachte.

»Hoffentlich bemerkt der Onkel das nicht!«, sagte sie.

»Und über dir, wie du da sitzest, ist eine solche selige Ruhe ausgegossen.«

»Ich habe eigentlich gar keinen Grund, so selig zu ruhen«, entgegnete Fenia, aber ihre vollen warmen Lippen lächelten immer noch, – »denn heute haben ›wir‹ uns zum ersten Mal – gezankt.«

»O das ist mir höchst interessant«, bemerkte er ziemlich eifrig und zog einen Stuhl heran – »darf ich wissen, was der Anlass war?«

Jetzt sah sie ernster aus, eine kleine Falte schob sich

sogar zwischen ihre Augenbrauen, die über der Stumpfnase ganz nah zusammenkamen.

»Der Anlass ist ganz gleichgültig. Der Grund ist einfach: Er ist gequält und gereizt«, sagte sie.

»Mein Gott! er, der es so gut hat?«

»Er leugnet eben, dass er es gut hat«, fiel sie ein, »aber die Wahrheit ist: Er ist viel anspruchsvoller geworden. – – Wir haben uns immer nur stundenweise gesehen – von allem Anfang an, – und nicht einmal täglich. – – Sich zu allen möglichen Tagesstunden, im Hellen, – – zu allen möglichen Beschäftigungen und Ausgängen zu treffen, ist doch nun einmal einfach unmöglich.«

»Und das ist es also, was er will?«

»Ja. Er sagt, das sei das einzig Natürliche. Alles andre sei Qual. Nach seiner Auffassung sollte man sich überhaupt so gut wie gar nicht trennen. – – Dabei sieht er ein, dass wir uns des entstandenen Klatsches wegen eher seltener sehen sollten.«

»Sage mir nur, Fenitschka, warum machst du es dir nicht leichter, – warum führst du ihn zum Beispiel nicht hier bei deinem Onkel ein, – war er nur anerkanntermaßen dein Freund, wie ich, – so – so –«

Sie sah ihm grade in die Augen.

»So könnte er insgeheim viel bequemer mein Geliebter sein, nicht wahr?«, vollendete sie.

»Mach doch nicht gleich solche Augen! was steht dem eigentlich entgegen?«, warf er ein.

Sie sagte nur leise, ohne ihren Blick von dem seinen zu lassen:

»Es würde hässlich werden! Und ich will, dass es schön ist.«

»Nun, streiten lässt sich über dergleichen ja nicht. Aber dir selbst fällt es doch wohl ebenso schwer wie ihm, euren Verkehr nicht nach Belieben ausdehnen zu können, – daher schlug ich es nur vor.«

Sie senkte die Augen und schien nachzudenken, wie sie es so oft mitten im Gespräch tat. Eine leichte Röte stieg dabei in ihre Wangen.

»Ja, weißt du, für mich ist es ja eigentlich wieder anders als für ihn«, erwiderte sie darauf zögernd, »– ich kann nicht recht sagen, woran das liegen mag. Aber jedenfalls war es ja für mich nichts so Seltenes und Neues, mit einem Manne alle möglichen Interessen und Beschäftigungen zu teilen, – alle Stunden des Tages in anregender und geistig fördernder Weise zu verbringen. *Ihm* ist das neu. – – Ich – ja, ich sehne mich lange nicht so stark danach. – – Würdest du es tun?«

»Ich?!«, fragte er etwas unsicher und dachte an Irmgard, »– ich glaube, das würde außerordentlich nach meinen Stimmungen wechseln. – – Aber vergleiche mich doch nicht mit deinem – – deinem – –. Er ist vielleicht fürchterlich konsequent und ernsthaft?«

Sie lachte leise auf, voll Schalkhaftigkeit.

»Nein, das ist er nun doch nicht. Jung und lieb ist er, – von allen meinen Bekannten und Freunden der am wenigsten ernste. – Wir fingen nicht grade mit der Philosophie an, – er hatte keine Ahnung, dass ich mit *der* was zu tun gehabt hatte. Im Gegenteil, er hielt mich ursprünglich für recht leichtlebig, – weil ich so frei zu leben schien. – – Ihr seid eben rechte Menschenkenner!«, fügte sie mit einer kleinen verächtlichen Grimasse hinzu.

»Was sagte er denn, als es ihm allmählich aufging, dass er einen promovierten Doktor vor sich hatte?«

»Ach, das ist ihm ja niemals aufgegangen. Davon hat er nicht viel zu sehen bekommen. – – Aber doch sagt er jetzt, er habe früher nicht gewusst, dass man mit einer Frau geistig so stark verschmelzen könne, – und hätte er es nur geahnt, so würde er mich von allem Anfang an so anspruchsvoll geliebt haben, wie jetzt, – mit solchen Ansprüchen an alle meine Zeit und jeden meiner Gedanken.«

Max Werner schwieg dazu und dachte sich im Stillen mancherlei. Ein paar Minuten ließen sie, ohne zu reden, das Stimmengewirr der Menschen um sich herumsummen; einer der Diener in Matrosenlivree kam zu ihnen mit seinem silbernen Tablett voll Obst und Süßigkeiten, ein paar der Gäste fingen an, sie in ihrem Versteck zu bemerken. Fenia schaute mit blinzelnden Augen in den Kerzenglanz, sie beobachtete nicht mehr, sie träumte. Aber immer noch lag die selige Ruhe über ihren Zügen ausgebreitet.

»Weißt du noch, wie du mir mal auf dem Newskij, vor Pasettis Kunstverlag, sagtest: Das Kostbarste, was Liebe gibt, das ist Frieden?«, fragte Max unwillkürlich. Sie nickte und atmete tief auf.

»Ja! Vom ersten Augenblick an war es so. Dank ihm, dass ich Frieden kenne! Ein so tiefes Ausruhen und Genügen. Nicht einmal Sehnsucht, – nicht Qual nach mehr, – nicht alle diese innern Kämpfe, – wie *er* sie jetzt durchmacht. Ich verstehe das einfach nicht. – – Ich ruhe wie in einer Wiege, weißt du, – die leise geschaukelt wird, – darüber blauer Sommerhimmel, und ringsherum blühende Wiese, – hochstehende, üppige Wiese voll Klee und langen Halmen, so wie sie kurz vor dem Mähen ist, – – hier in Russland haben wir so wundervolle solche Wiesen. – – Oder vielleicht lieg ich auch nur wie eine Kuh im frischen Wiesengras mitten unter den gelben Butterblumen, – so friedlich prosaisch. Nein, ich kann nicht nachdenken. Ich bin so glückselig verdummt. – Es langt grade noch, um drüben die blöde Unterhaltung mitzumachen«, fügte sie hinzu und erhob sich aus ihrer lässigen Haltung, weil einige der Gäste auf sie zukamen. –

Als Max Werner diesen Abend heimging, musste er viel an Fenia denken, und in der Nacht schlief er unruhig und träumte von ihr. Sie trug einen Kranz von gelben Ranunkeln im Haar und saß im Gras. Wie er sich aber zu ihr setzen wollte, wehrte sie ihn ab und sagte, er solle bessere Haltung vor ihr bewahren, denn sie sei die Wiesenherzogin. »Ach, Fenitschka, warum hast du nur gelbe Ranunkeln auf dem Kopf, – Rosen würden dir viel schöner stehn«, bemerkte er zu ihr, auch noch im Traum galant, und wagte nicht, sich hinzusetzen. Sie aber sah ihn mit demselben strengen Blick an, wie gestern bei seinem Vorschlag, ihren Freund bei ihrem Onkel einzuführen, und entgegnete mit herzoglicher Hoheit: »Auch die Ranunkeln färbt dieselbe Sonne.«

Er erwachte durch die Anstrengung, dies tiefe Wort gehörig zu enträtseln. Es war schon spät am Vormittag, und er beschloss, in die Eremitage zu gehn. Unterwegs jedoch traf es sich, dass er stattdessen zu Fenia in ihre Wohnung hinaufstieg.

Zu seinem Bedauern fand er sie nicht zu Hause. An diesem Morgen war er ein wenig verliebt in Fenia; er wusste nicht, ob sein Traum hiervon die Ursache oder die Wirkung sei.

Langsam und etwas missmutig ging er den Weg nach seinem Hotel zurück. Es schneite schwach, in winzigen, harten Körnchen, die an Hagelgraupen erinnerten und auf dem Sand, womit die Trottoirs bestreut waren, weiß und rund liegen blieben wie Perlen. Der Himmel hing tief, tief herab, grau und lichtlos, und unter seinem gleichförmigen Schiefergrau ballten und stopften sich noch große weiße Wolken gleich Federkissen; es sah wahrhaftig aus, als habe der Himmel droben sich gut auswattiert, um sich vor der Kälte bei den Menschenkindern unten zu schützen.

Unterwegs traf er Fenia. Er sah sie auf der andern Seite des Trottoirs und ging über den Straßendamm auf sie zu; sie bemerkte es, blieb stehn und wartete auf ihn.

»Ich hatte dir einen Besuch zugedacht«, sagte er, während sie sich die Hand schüttelten, »fand dich aber nicht und fürchtete schon, dich heute nicht mehr zu sehen. Daher bin ich dem Zufall jetzt doppelt dankbar.«

Sie sah ihn lächelnd und nachdenklich an.

»Ich bin ihm auch dankbar!«, entgegnete sie, – »deinen Besuch hätte ich nämlich nicht angenommen –. Keinen Besuch, der heute kommt. – Und nun, wo ich dich unerwartet treffe, merke ich, dass ich mich drüber freue, mit dir zu gehn und zu plaudern. – – So wenig kennen wir uns selbst.«

»Woher kommst du denn?«, fragte er im Weitergehn.

»Von einem zwecklosen Hin-und-her-Gehn. Ich ertrug's in der Stube nicht. Ertrag's aber auch draußen nicht. Ich habe entsetzliche Sorgen, Max. – – Denke dir, – vielleicht kann ich ›ihn‹ nur noch wenige Male wiedersehen.«

Er blieb stehn.

»Wie das, – warum?!«

»Es hat sich so zugespitzt – all das mit den Heimlichkeiten. Wir sind nicht mehr sicher, – nirgends mehr. Es geht einfach nicht mehr. Es geht absolut nicht.«

»– Und gar kein Ausweg? man findet ihn ja doch schließlich in solchen Fällen.«

Fenia schüttelte den Kopf.

»Im Auslande zu leben wäre einer, – ja. Aber ich bin hier durch meine Stellung gebunden und habe keine andern Existenzmittel. Und im Ausland wär es dasselbe – in einer Stellung. Es scheint, man muss reich sein dazu. Lehrerinnen sind, scheint es, davon ausgeschlossen.«

»Aber deshalb könnt ihr doch nicht auseinandergehn?!«

Fenia lachte dazu unwillkürlich. Ihr ganzer froher Unglaube an irgendein Auseinandergehn lachte aus ihren Augen. Aber die Augen waren gerötet wie vom Weinen.

»Wir haben eben die Wahl zwischen zwei Unmöglichkeiten«, sagte sie, noch lächelnd, und ging langsam weiter, »– ich war so tief im Glück und Frieden, weißt du, dass ich noch ganz dumm bin: ich begreif's noch gar nicht, dass es Sorgen gibt – im Himmel.«

Sie standen an ihrer Haustür.

»Höre, Fenia«, bat er, »lass uns doch noch ein wenig zusammenbleiben, – kann ich nicht hinein?« –

Sie hatte die Tür geöffnet, und der Portier mit den Silberlitzen kam dienstbeflissen herbei, wollte hinter ihr schließen, und händigte ihr zugleich zwei inzwischen eingelaufene Briefe aus.

Fenia blieb auf der Schwelle stehn, besah die Briefadressen und bemerkte dabei zu Max:

»Ich beabsichtigte eigentlich noch nicht, hinaufzugehn, wir können also gern noch ein wenig draußen bleiben, – aber ich erwartete Nachrichten, und deshalb« – sie warf einen schalkhaften Seitenblick auf ihn und fügte hinzu: »– Diesen einen, siehst du, der ohne Marke hergebracht worden ist, den muss ich gleich lesen. Es handelt sich um die Verabredung einer Stunde zu heute – oder morgen.«

Er ließ sie lesen, während sie die Straße langsam entlangschritten, und musterte dabei ungeduldig den Sand und Schnee auf dem Trottoir zu seinen Füßen. Heute Morgen kam ihm Fenias Auserwählter etwas in die Quere.

Als Fenia aber den Brief eingesteckt hatte und, wie ihm schien, Minuten vergingen, ohne dass sie sprach, sah er scharf nach ihr hin.

Der Ausdruck ihres Gesichtes hatte sich ganz verwandelt, – zum Erschrecken verwandelt hatte er sich. Sie war erblasst, um den Mund ein gespannter, nervöser Zug, ihre Augen blickten mit einer gewissen verwirrten Anstrengung grade vor sich hin.

»Fenia!«, sagte er halblaut, »– was ist dir? was ist

denn geschehen? Steht im Brief irgendetwas Schlimmes?«

»Ist er tot, – – – untreu?«, fuhr es ihm durch den Kopf, und er konnte seine eignen Gefühle dabei nicht recht deutlich unterscheiden.

»Nein, – nein!«, widersprach sie hastig, » – es ist nur, – ja, etwas Schlimmes.«

»Kann ich es nicht wissen? – – Nein, natürlich nicht, wenn du nicht magst.« –

»Doch, – warum denn nicht? – – Es ist ja«, – sie stockte, und setzte dann leise, fast scheu hinzu:

»Er will, dass wir uns heiraten sollen.«

»Heiraten!«

Er rief es zuerst ganz konsterniert; gleich darauf bemerkte er aber selbst: »Ja, lieber Gott, warum auch nicht? Das ist doch eigentlich ganz natürlich? Hast du denn nicht selber schon an dieses Ende gedacht?«

» – Ich? – Nein, – ich, – es schien ja aus äußeren Gründen zunächst so ganz unmöglich, – ich meine: Es ging eben noch nicht, – so dass man nicht daran denken konnte, – – nicht zu denken brauchte«, erwiderte sie, noch ebenso scheu und verwirrt, – bedrückt.

»Nun – und jetzt?«

» – Er hat irgendeine Anstellung im Süden erhalten, –

was weiß ich, – – ach, ich weiß nicht. – – Mir ist so furchtbar zumut«, sagte sie hilflos und sah aus, als ob sie gleich anfangen wollte loszuweinen.

Max Werner bog in eine kurze breite Nebenstraße ein, wo sie vor der Menschenmenge auf dem Newskij-Prospekt sicher waren. Nur ein paar Kinder rutschten spielend und schreiend auf einem schneefreien Eisstreifen längs dem Damm umher.

»Aber, Fenitschka, auf dem Gut, während der Hochzeit meiner Schwester, warst du ja noch so vollgestopft mit den allergraulichsten Ehebetrachtungen!«, sagte Max Werner beruhigend, »– willst du denn nicht –«

Sie blieb stehn und sah mit ihren großen, klaren, so eigentümlich seelenoffenen Augen zu ihm auf.

»Ist es dir jemals so vorgekommen, – in dieser ganzen Zeit, – als ob ich heiraten wollte?«

»Nein, – das wohl nicht«, gab er zu, »aber es musste schließlich –«

»Ich konnte es auch gar nicht wollen!«, unterbrach sie ihn, »sage mir, will es denn etwa einer von euch, – will es ein junger Mensch zum Beispiel, der seine ganze Jugend drangesetzt hat, um frei und selbständig zu werden, – der nun grade vor dem Ziel steht, – auf der Schwelle, – der das Leben grade um deswillen liebgewonnen hat, – um des Berufslebens willen, um der Verantwortlichkeit willen, um der Unabhängigkeit willen! – Nein! Ich kann es mir einfach nicht als Lebensziel vorstellen, – Heim, Familie, Hausfrau, Kinder, – es ist mir fremd, fremd, fremd! Vielleicht nur jetzt, – vielleicht nur in dieser Lebensperiode. Weiß ich's? – Vielleicht bin ich überhaupt untauglich grade dazu. – – Liebe und Ehe ist eben nicht dasselbe.«

Sie sprach rasch und erregt, sie vergaß ganz, wo sie war, und lehnte sich einfach mit dem Rücken gegen eine Hausmauer, vor der sie gerade standen. Dies war sicher kein geeigneter Aufenthalt für eine solche Unterhaltung; Max Werner fürchtete, sie könnte mit ihrem Tuchpelz an der weißbeworfenen Hauswand festfrieren, und außerdem rieselten die kleinen, feinen, runden Schneekörnerchen unablässig um sie nieder. Aber dabei war er selbst in einiger Spannung und Erregung; er war, offen gestanden, bezüglich des Mannes, der da soeben Fenia einen Heiratsantrag gemacht hatte, nicht ganz ohne Schadenfreude, – – aber da hinein mischte sich ein ganz sonderbares Gefühl, – fast ein verblüfftes, beleidigtes, – fast, als sei er es, den sie abgewiesen habe. – – Das war die Verblüffung über ihre Worte, – Worte einer Frau, die ganz so sprach, als sei sie ein Mann und als sei es eine unerhörte Zumutung, einen Mann, seinesgleichen zu heiraten. –

»Das ist mir denn doch noch nicht vorgekommen, Fenitschka«, sagte er und trat von einem Fuß auf den andern, denn ihn fror sehr, »– diese spitzfindige Unterscheidung zwischen Liebe und Ehe. – Wenn du deiner Liebe sicher bist, dann dürfen dich auch die Schwierigkeiten des Ehelebens nicht abschrecken, – die wahre Liebe setzt sich drüber hinweg, – glaube ich. Und dann, siehst du, soll es ja auch grade so schön sein, alles miteinander zu teilen, – und besonders, wenn es für immer ist, – und selbst wenn Krankheit, oder Sorge, oder sonstige Unannehmlichkeiten mitunterlaufen, – nun, so hat man doch dafür ein wahrhaftes, wirkliches Stück Leben miteinander gelebt, – und grade das will die Liebe, – sie will doch nicht etwa nur den Genuss? O nein, bewahre! sie hat sozusagen die Tendenz zur Ehe.«

Fenia hörte ganz aufmerksam, mit zur Seite geneigtem Köpfchen zu; unendlich lieb schaute sie dabei aus, mit ihren halbgeöffneten Kusslippen, – wie jemand ungefähr, der einer gar erstaunlichen Mär und Kunde lauscht.

»– Denkst du das wirklich?«, fragte sie zweifelnd und erwartungsvoll, »– ich meine, denkst du so im tiefsten

Ernst? Hast du denn jemals diese Dinge so empfunden, wie du da sagst, – grade so?«

»– Ich? – – Nun, ich selbst grade nicht. – – Aber ich hab es von andern gehört«, bemerkte er etwas kleinlaut.

Sie bückte enttäuscht den Kopf.

»Von andern gehört!«, wiederholte sie.

Sie tat ihm leid. Offenbar hatte sie von seinen halb ironisch gemeinten Worten eine Art von Hilfe in ihren Zweifeln erwartet, – war er doch ihr Freund! Es drängte ihn über die Maßen, sie wieder beruhigt und heiter zu sehen.

»Aber Fenitschka«, redete er ihr zu, »was kommt denn auf mich an! Bin ich denn ein Vorbild auf diesem Gebiet?! – Nein, – nicht wahr? Und überhaupt, was so ein Mann darüber spricht! Ihr Frauen empfindet schließlich doch anders, – besser, feiner. – Aus *der* Überzeugung heraus sprach ich. Glaube mir, ihr wollt im Grunde doch die Dauer und vollkommne Zusammengehörigkeit, – das weiß ich von der, die *mich* lieb hat, Fenia. Denn wollte sie das im Grunde nicht, wollte sie nicht so inbrünstig das ganze Leben mit mir teilen, so wär es ja keine rechte Liebe, sondern nur eine – eigentlich eine reine Sinnen –«

»Sondern nur eine rein sinnliche Leidenschaft, – nur

eine sinnliche«, ergänzte Fenia mit bedeckter Stimme, sah ihn an, und wurde plötzlich blass.

»Ach Unsinn, Fenia, – ich –«

Sie antwortete nicht, sondern stand nur regungslos da, und in ihren Mienen prägte sich etwas ganz Ergreifendes aus, das ihn verstummen machte.

Wohl schaute sie ihn noch an, aber sichtlich ohne sich dessen bewusst zu werden, wohin sie gerade schaute; ihre ganze Seele war nach innen gekehrt, – hielt gleichsam den Atem an.

Ihre Augen öffneten sich weit, eine Art von Entsetzen flog durch sie hindurch, es war, als schlüge eine plötzliche Erkenntnis, einem Blitze gleich, ihr mitten durch die Seele.

Und langsam ergoss sich über ihre Wangen, ihre kleinen Ohren, über den Hals, soweit das Pelzwerk davon einen Fleck sehen ließ, – eine warme tiefe Röte, – immer flammendere Röte. – – Und ehe Max Werner sich's versah, wandte sie sich von der Hausmauer fort, an der sie lehnte, und enteilte ihm plötzlich mit schnellen Schritten.

»Fenia! Fenitschka!«, rief er bestürzt und griff unwillkürlich nach ihr. Aber er griff ins Leere. In wenigen Sekunden schon war sie um die Ecke gebogen und entschwand ihm unter den Menschen, die auf der Hauptstraße vorüberströmten.

Der Eindruck war ein ganz seltsamer. Obgleich sie mit gesenkten Stimmen zueinander geredet, – und mehr noch geschwiegen als geredet hatten, war ihm mit ihrem Verschwinden doch, als sei mit einem Mal eine laute, gewaltige Unterhaltung verstummt.

Still, ganz totenstill lag die breite Nebenstraße, wo sie gestanden, plötzlich da, wie eine schlafende, verschneite Welt.

Und ganz verwunderlich klang aus dem tiefen Schnee jetzt wieder das helle Geschwätz der beiden umherrutschenden Kinder auf dem Fahrdamm und tönte hinter Fenitschka drein.

Max Werner hatte das Gefühl, dass er Fenitschka nach dieser Begegnung nicht gleich wieder aufsuchen dürfe, – dass sie augenblicklich keines Menschen Gesellschaft brauchen könne. So ließ er den ganzen nächsten Tag verstreichen, ohne sie zu sehen.

Ein Brief von Irmgard kam am Vormittag; er beantwortete ihn sofort und berechnete zugleich das Datum seiner Ankunft in München.

Seine Abreise aus Russland war von ihm längst auf diese Tage festgesetzt worden, aber noch nie hatte es ihn so gedrängt wie heute, Irmgard wieder in die Arme zu schließen. Und Fenia, trotzdem er sich erst gestern ein wenig in sie verliebte, trug die Schuld daran. – Denn plötzlich wollte es ihm weit weniger selbstverständlich erscheinen als bisher, dass Irmgard ihn so stark und treu liebe, wie sie es tat, – es drängte ihn daher, ihr das Geständnis ihrer Liebe aufs Neue aus den Augen und von den Lippen zu lesen.

Im Grunde wusste er wohl: Der Zweifel, der über Fenia gekommen, konnte über Irmgard niemals kommen, – ganz zweifellos liebte sie ihn und ging ganz in dem Wunsch auf, mit ihm für immer das Leben zu teilen, – in jedem Sinn es mit ihm zu teilen. Ja, er wusste es, aber es beglückte ihn anders als bisher und stimmte ihn dankbarer, weicher.

Er sagte sich, dass er für Irmgard von vornherein glücklicherweise mehr bedeute, als für Fenia ein Mann augenblicklich bedeuten konnte. Er bedeutete für sie zugleich das einzige sie belebende Geisteselement inmitten ihrer konventionellen Familienkreise, – er hatte mit ihrer Liebe, ihren Sinnen zugleich auch ihre geistigen Bedürfnisse geweckt und angeregt, ihre geistige Sehnsucht auf ihn und seine Entwicklung bezogen.

Das machte seiner Meinung nach einen gewaltigen Unterschied! Wenn ein Mann mitunter eine Frau weniger tief und absolut liebt als sie ihn, so mochte es nicht zum wenigsten damit zusammenhängen, dass sie für sein gesamtes Geistesdasein meistens eine geringere Bedeutsamkeit besessen hat als er für sie. Er erholt sich mehr bei ihr, als dass er ihrer außerhalb der Liebe bedarf. – – – So erholte Fenia sich vielleicht von ihren eignen geistigen Kämpfen und Anstrengungen bei dem Mann ihrer Liebe. Nach Jahren konzentriertester Studien, asketischen Lebens eine unbewusst vollzogene, ganz naiv hingenommene Reaktion –. Erst der Heiratsantrag rührte ihre friedlich ruhenden Gedanken darüber plötzlich auf, ließ sie erwachen, – sich klar werden.

Dem andern musste die Vorstellung, dass sie ihn nicht genügend liebe, um ihr ganzes Leben an ihn zu binden, natürlich völlig fern liegen. Man nimmt ja wohl von minderwertigen Frauen an, dass ihre Neigung eventuell der Tiefe und Treue entbehren werde, – hochstehenden Frauen gegenüber erscheint es als ein Sakrilegium. Und doch, fragte sich Max Werner, können dafür denn nicht dieselben Gründe maßgebend sein, die den Mann so leicht dazu verführen, seiner Liebe nur einen Teil seines Innern zu öffnen, ihr Grenzen zu ziehen, sie *neben*, und nicht *über* seine sonstigen Lebensinteressen zu setzen? Die Frau, die ihr Leben ganz so einrichtet und in die Hand nimmt wie der Mann, wird natürlich auch in ganz ähnliche Lagen, Konflikte und Versuchungen kommen wie er, und nur, infolge ihrer langen anders gearteten Frauenvergangenheit, viel schwerer daran leiden.

Am Nachmittag traf er den alten Baron Ravenius auf der Straße und erfuhr von ihm, dass Fenia krank sei, – wenigstens habe sie Hausarrest.

»Wahrscheinlich hat sie sich in ihrem Eifer überarbeitet!«, fügte der Baron bekümmert und kopfschüttelnd hinzu.

Max ging sofort zu ihr. Noch während er die Treppe hinaufstieg, öffnete schon die Wirtin im Kattunmorgenrock die Tür zum ersten Stockwerk und blickte mit einem widerwärtigen Ausdruck spähender Neugier heraus, wer da komme. Als sie ihn erkannte, veränderte sich ihre Miene, sie war etwas enttäuscht und wurde zugleich wohlwollender.

Er gab ihr seine Karte und ließ fragen, ob Fenia ihn

empfangen könne. Der Bescheid kam sofort zurück, er möge nur eintreten.

Fenias Zimmer war künstlich verdunkelt. Die Vorhänge vor dem Fenster waren niedergelassen, und sie selbst lag, in einem Schlafrock von feinem weichem Stoff, auf ihrer Ottomane ausgestreckt, das Haar in zwei hängenden Flechten und die Hände hoch über dem Kopf verschränkt.

»Was, Fenitschka, – du bist krank?«, fragte er beim Eintreten und kam zu ihr.

Sie schüttelte den Kopf.

»Bin nicht krank. Möchte nur dafür gelten. Menschen sehen, ausgehn, ausfahren, ist mir jetzt unleidlich, – nein, unmöglich. Ich danke dir aber, dass du da bist.«

Möglich, dass sie nicht krank war, aber sie sah ganz so aus. Selbst in dieser künstlichen Dämmerung sah sie blass und erschöpft aus, und unter ihren Augen zogen sich tiefe Schatten. »Fenitschka«, bemerkte er, indem er einen Stuhl zu ihr heranzog, »mir öffnete vorhin deine Wirtin die Tür, – widerwärtig schaute das Frauenzimmer heraus, – wie das schönste Exemplar von einem Spion. Ist es dir nicht aufgefallen?«

»Ja, sie ist jetzt ganz besonders neugierig und misstrauisch geworden. Sie achtet darauf, wer zu mir kommt. – – Wenn jetzt ein Klatsch entsteht, so entsteht er von hier aus. Ich habe selbst schuld dran.«

»Aber dann darfst du hier doch nicht bleiben! Den Hals umdrehen werd ich der Kanaille! Seit wann ist es denn?«

»Ich war unvorsichtig. – – ›Er‹ ist einige Mal hier gewesen«, entgegnete Fenia apathisch.

»Das hättest du schon lieber vermeiden sollen«, sagte er besorgt, »warum auch grade hier?«

Sie zuckte die Achseln.

»Uns auswärts zu treffen, ist uns ja auch schlecht bekommen. – – Ach, lass doch! Es liegt so gar nichts dran«, fügte sie freundlich hinzu.

Ihre Stimme fiel ihm auf. So sanft und lieb klang sie, dass sie Rührung in ihm weckte. Aber ein so matter Ton klang darin mit, – – und weckte auch Sorge, wie man sie etwa am Krankenbett von lebhaften Kindern fühlt, wenn sie plötzlich gar zu artig und gut werden. –

Sie schwiegen eine Zeitlang.

Endlich sagte er:

»Ich war gestern nicht bei dir, weil ich nicht wusste, ob du mich sehen wolltest. Aber gedacht hab ich an dich – –«

Sie unterbrach ihn mit einem Lächeln:

»Ich auch an dich. Und an die erste Zeit unsrer Bekanntschaft – weißt du? Denk nur – mir hat sogar in der Nacht davon geträumt.«

»Von Paris?«

Sie richtete sich etwas auf, stützte sich mit der einen Hand auf das Polster der Ottomane und sah ihn an. Das Stirnhaar hing ihr ein wenig wirr ins Gesicht.

»Verstehst du dich auf Traumdeutung? – – ach, übrigens Unsinn, – aber ich will dir erzählen. – – Es war in Paris, ja. In dem Nachtcafé, weißt du? Ihr saßet alle da am Tisch, – ganz wie damals. – – Und ich war auch da. Aber ich war nicht bei euch am Tisch.«

»Sondern?«

Sie legte sich wieder zurück und schloss die Augen.

»Sondern irgendwo da. – – Irgendwo unter den Grisetten.«

»Ich verstehe nicht recht, Fenia. Das ist ja ein ganz dummer Traum.«

»Nicht so dumm, wie du meinst – –. Aber woher sollten Träume eigentlich auch klug sein? Ich glaube, unsre klugen Gedanken wirken nur wenig mit am Traumgewebe. – – Nein, alle die klugen Gedanken, die wir uns so allmählich erwerben, alle die aufgeklärten und vernünftigen Ansichten, die träumen wir wohl nur wenig. – – Im Traum *taxieren* wir uns anders, – uns und die Dinge, – verworren und wirr vielleicht, aber doch so ganz naiv.«

»Aber was redest du nur eigentlich, Fenia? – – Du taxiertest dich im Traum –? Nun, und?«

»Nun, und da fand ich offenbar, dass ich mitten unter die Grisetten gehörte.«

Er sprang unwillkürlich auf.

Ein kurzer Laut des Unwillens entschlüpfte ihm.

Er wollte gegen sie aufbrausen, gegen diese Selbsterniedrigung, die ihn empörte und für sie beleidigte, aber er besann sich.

»Du bist krank«, sagte er, »du bist es wirklich, wie könntest du sonst so ganz den Kopf verloren haben. – Fenia, ich erkenne dich gar nicht wieder. Wusstest du denn nicht, was du tatest? –«

»Nein, genau gewusst hab ich es erst im Augenblick, als ich mich binden sollte. Bis dahin verwechselte ich es wohl – mit einer vollen, ganzen Liebe.«

»Ich glaube, du verwechselst es jetzt – mit etwas zu Geringwertigem. – Denn über die Wirkung wenigstens war doch keine Täuschung möglich, – über alles, was dich so schön und selig erscheinen ließ. Ich sah es doch selbst, Fenia. Und du selbst, sagtest du nicht so wunderschön: Es gäbe dir Frieden?«

Sie verschränkte die Arme wieder über dem Kopf und schaute mit einem sonderbar stillen Ausdruck gegen die Decke.

»Frieden!«, wiederholte sie. – »Sieh, *er* wusste wohl, dass von der Liebe keineswegs Frieden zu erwarten ist, – nein, durchaus kein Frieden. – Wie viel Schwanken und Quälen, wie viel Seelenarbeit und Seelenwandlung mag's geben, ehe ein Mensch sich so tief in den andern hineinpflanzt, – ja, so tief, dass die beiden nun wirklich aus einer Wurzel weiter wachsen müssen, wenn sie gedeihen wollen. – – So war's bei *ihm*, – und als es nun so weit war nach allem Kämpfen, – da wurde es ihm aber auch so klar und einfach, – so ganz klar, dass wir eins sind und einander die einzige Hauptsache im Leben. – – Mit so guten, leuchtenden Augen spricht er davon. – – Wie willst du's da wohl ändern, dass ich mich – *dass ich mich schäme.*«

Die letzten Worte stieß sie undeutlich heraus und sprang von der Ottomane auf.

»– Frieden –? Ja, es war so etwas, – ein so träge seliges Ruhen war es. – Aber seitdem ich erwacht bin, – seitdem ich so klar weiß, was es ist, und erkenne – – nein!

ich *kann's* nicht ertragen!«, sagte sie plötzlich wild, »– mich selbst kann ich nicht ertragen in diesem Zustand von –; fort muss ich, das ist es! Das Schwerste, das Notwendigste –«

»Fort von ihm?«, fragte er bestürzt, »hast du *daran* gedacht?«

»Es ergibt sich von selbst, wenn wir uns nicht offiziell binden wollen. So wie die Lage sich zugespitzt hat. Heimlich können wir uns nicht mehr sehen. Dadurch ist er zuerst auf den Entschluss verfallen, um jeden Preis die Heirat zu ermöglichen.«

»Und er weiß, – weiß er, dass du fortwillst von ihm –?«

Sie sah ihn verständnislos an. Ihre Augen brannten wie die einer Gestörten.

»Nein. Wissen darf er's nicht. – – Wie käme ich sonst fort –? Das begreif ich jetzt. Aber doch wollt ich's ihm sagen, – ich rief ihn dazu her.«

»Und was sagtest du ihm?«

»Was ich ihm gesagt habe?! Ich *wollte* ihm sagen, ihn bitten: geh fort von mir, – geh auf immer von mir fort! Aber ich bat ihn nur: bleib bei mir! bleib bei mir!«

Und sie warf sich in ausbrechendem Schluchzen über die Ottomane und vergrub ihr Gesicht in den Polstern.

Max blieb daneben stehn, minutenlang, schweigend. Er versuchte dann, ihr gut zuzureden, aber sie wehrte nur mit der Hand ab und hörte nicht auf zu weinen. Endlich murmelte sie:

»Lass mich allein, – bitte, lass mich ganz allein!«

Da verließ er leise das Zimmer und ging, aufs Äußerste besorgt und beunruhigt, nach Haus. Den ganzen Abend kam ihm Fenia nicht aus dem Sinn, – diese ganz neue Fenia, die er gar nicht erkannte. Kein Mensch konnte ihr jetzt helfen, und doch schien es ihm ganz unmöglich, sie in ihrer Seelenverfassung sich selbst zu überlassen.

Der nächste Tag war ein Sonntag. Am Morgen sprach er schon gegen zehn Uhr wieder vor. Er fragte die Wirtin, ob Fenia zu sehen sei, und erhielt darauf in ihrem schlechten Französisch die kriechend-freundliche Antwort: »Ja, sie sei sicher zu sehen, denn sie erwarte ohnehin Besuch.«

In diesem Augenblick stieß Fenia die Tür ihres Zimmers zur Treppe selbst auf. Als sie ihn erblickte, stand sie wie versteinert. Sie war im Straßenkleide, blass, ernst, fast kalt im Ausdruck, – völlig anders als gestern.

»Das ist ein großes Unglück!«, sagte sie, als die Wirtin in ihrer Wohnung verschwunden war, und ließ ihn zaudernd auf der Schwelle stehn, »– ein wahres Unglück ist es, dass du gekommen bist.«

»Mein Gott, Fenitschka! ich will dich doch nicht stören! ich komme ein andermal. Ich geh also wieder.«

»Nein, nein! es ist unmöglich, dass du fortgehst«, versetzte sie und fasste ihn beim Ärmel, als er sich wenden wollte, »– versteh doch! Er kommt gleich, – er muss gleich eintreten –«

»Nun, und?«

»Nun, ich kann ihn nicht empfangen, wenn ich dich, vor den Augen der Wirtin, nicht empfangen konnte.«

Er wollte etwas erwidern, da ging unten eine Tür, jemand stieg die ersten Stufen hinauf.

Fenia zog ihn an der Hand in ihr Wohnzimmer. Über ihr Gesicht flog etwas Aufblitzendes, das er nicht verstand, – irgendein Gedanke kam wie eine Erleuchtung über sie.

»Geh hier hinein!«, sagte sie und öffnete zu seinem grenzenlosen Erstaunen die kleine Tür zu ihrem Schlafstübchen.

»– Hier hinein –?!«

Sie blickte ihn mit tiefernsten, glänzenden Augen an.

»Bist du mein Freund?«

»Das weißt du, Fenia.«

»Dann habe Dank, dass du gekommen bist. Dann leistest du mir vielleicht in diesem Augenblick den einzigen Dienst, den ein lieber, – nur ein lieber, naher Freund mir leisten kann. Bleib dort in der kleinen Stube, bis – bis er wieder fortgegangen ist. Du darfst alles hören, – es ist nichts, was nicht ein Dritter hören dürfte. – – Aber wenn du hier wieder durchgehst, – beachte mich nicht.«

Er starrte sie an –. Etwas so Entschlossnes sprach heute aus ihrem Wesen – –; sie kam ihm vor wie der Fuchs, der sich die eingeklemmte Pfote selbst abreißt, um sich zu befreien.

Hatte sie plötzlich erkannt, dass seine Anwesenheit ihr helfen könnte, – etwa dazu helfen, »nur zu sprechen, was ein Dritter hören durfte«, um nicht wieder in die Worte auszubrechen: »Bleib bei mir, bleib bei mir« – –?

Es blieb nicht viel Zeit zum Sichbedenken. Kaum hatte Max die kleine Schlafstube betreten, und war die Tür hinter ihm zugefallen, als es schon an der Vordertür klopfte.

Er sah sich in dem schmalen Raum, den das Bett fast ganz einnahm, flüchtig um und lehnte sich ans Fenster. Dort stand zwischen rot und blau gestickten grauleinenen russischen Vorhängen ein Rosenstock mit einer einzigen, eben aufbrechenden Knospe. In der Wandecke daneben brannte das Ewige Lämpchen vor dem üblichen Muttergottesbild.

Max Werner fühlte ein heftiges Unbehagen. Welch eine seltsame Rolle spielte er doch da in Fenias Leben!

Man vernahm nur undeutlich, was nebenan gesprochen wurde, überdies redeten sie russisch miteinander. Trotzdem antwortete Fenia unwillkürlich mit halber Stimme.

Daneben hörte man ein volles, weiches Organ, – »seine« Stimme. Er sprach und lachte, wie man im Glück lacht und spricht.

Nach kurzer Zeit wurde irgendetwas auf dem Gang draußen laut. Es begann jemand vor Fenias Tür so eigentümlich zu schlürfen und herumzutreten. Vielleicht war es die Wirtin in ihrer abscheulichen spionierenden Neugier, – vielleicht auch nur ein Fremder.

Jedenfalls fingen sie drinnen plötzlich an, deutsch zu sprechen. Aber nun ließ Fenia ihre Stimme noch mehr sinken.

»Warum sprichst du nur so leise heute?«, fragte »er« sie erstaunt, »– deutsch versteht ja hier keine Seele. – Und weißt du wohl, grade dass du so rücksichtslos laut gesprochen hast, – manchmal, bei Gelegenheiten, wo es gefährlich war, – das liebte ich so an dir. Du wolltest nicht unvorsichtig sein, – aber du vergaßest es immer wieder, – deine Stimme wusste von nichts Heimlichem, – sie klang so kindlich und hell. – – Deine helle Stimme! Immer hör ich sie, wenn ich allein bin. Deine Stimme – das bist du.«

Nach einer Weile sagte er:

»Nein, ich will nicht lange bleiben. Nicht, wenn ich nur gewiss bin, – ganz gewiss, dass du in wenigen Tagen zurückkehrst. Ist das ganz gewiss?«

»Glaubst du mir nicht?«, fragte Fenia.

Max Werner wollte nicht zuhören. Es war albern und lächerlich, hier zu stehn und das anhören zu müssen. Er lehnte sich gegen das Fenster und blickte hinaus. Die Straße lag in sonntäglicher Vormittagsruhe da. Von ungezählten Kirchen begannen langsam, eine nach der andern, die Glocken zu läuten. Die verschiedenen Gottesdienste gingen zu Ende.

Es schien, dass drinnen Abschied genommen wurde. »Er« sagte, mit anderm Ton als bisher, schwer, gepresst:

»Ja, nur wenige Tage. – Aber ich weiß nicht, wie mir ist. – – Könntest du jemals vergessen, was wir uns sind, Fenia?«

In diesem Augenblick erst erinnerte Fenia sich nicht länger jemandes Anwesenheit. Es war, als stürze sie in die Knie, oder an seine Brust, – in diesem Augenblick war sie nur mit ihm allein. –

»Niemals! niemals!«, sagte sie weinend, außer sich, »niemals kann ich es vergessen, dass ich dein bin.«

Und mit einem Ausdruck, der Max durch alle Nerven ging, fügte sie hinzu:

»Ich danke dir! ich danke dir!« – –

Ein Stuhl wurde fortgeschoben. Man vernahm nichts mehr. Nichts als das Geläute der Glocken, das lauter und lauter anschwoll und mit seinen feierlichen Klängen wie ein Lobgesang das ganze kleine Zimmer erfüllte, – – und alle Glocken sangen und klangen:

»Ich danke dir! ich danke dir!«

Sie hatte sich in dieser Stunde für immer von ihm getrennt, – getrennt aus einem unerträglichen Zwiespalt heraus, in den sie mit sich selbst geraten war, aber sie dankte ihm, – sie riss sich los, um entschlossen in eine ganz andre Existenz zurückzukehren, aber sie dankte ihm, – und wenn sie an ihn zurückdachte, vielleicht noch in ihren spätesten Tagen, würde sie denken wie heute, über allen Zwiespalt hinaus:

»Ich danke dir! ich danke dir!«

Als es nebenan längst still geworden war und Max die Tür öffnete und eintrat, stand Fenia am Fenster.

Sie wendete ihm den Rücken zu. Mit den Händen hatte sie in die Vorhänge hineingefasst und ihr Gesicht darin verborgen. Er sah nur die gebeugte Rückenlinie, und es durchfuhr ihn das Gefühl, als hätte er dies alles schon einmal erlebt –.

Aber er hatte nur in seiner Phantasie Fenia schon einmal trauernd und gebeugt gesehen. –

Stumm schritt er durch das Wohnzimmer und ging hinweg, wie sie es gewünscht hatte, ohne sie zu beachten oder anzureden.

Zwei Tage später reiste er aus Russland fort, ohne Fenitschka wiedergesehen zu haben. Sie wollte es so.

ANHANG

Zu dieser Ausgabe

Der Text folgt dem Erstdruck:

> Lou Andreas-Salomé: Fenitschka. Eine Ausschweifung. Zwei Erzählungen. Stuttgart: Verlag der Cotta'schen Buchhandlung, 1889. S. 5–98.

Die Orthographie wurde auf der Grundlage der gültigen amtlichen Rechtschreibregeln modernisiert, der Lautstand blieb gewahrt. Apostrophe wurden, wo immer möglich, getilgt; die Kommasetzung bei wörtlicher Rede folgt heutigen Gepflogenheiten. Gelegentlich fehlende Anführungszeichen wurden ergänzt. Ansonsten wurde in die Interpunktion der Vorlage nicht eingegriffen. Offensichtliche Druckfehler wurden korrigiert, grammatische Eigenheiten blieben unangetastet. Umlaute in Großbuchstaben wurden zu Ä, Ö und Ü aufgelöst. Sperrsatz sowie der Wechsel von Frakturschrift zur Antiqua bei fremdsprachigen Ausdrücken werden hier kursiv wiedergegeben.

Die in der Druckvorlage auf neuer Seite beginnenden Abschnitte sind hier jeweils mit vorausgehender Leerzeile angehängt.

Anmerkungen

8,3 f. *Grisetten:* So wurden in Frankreich im 19. Jahrhundert junge, unverheiratete Frauen bezeichnet, die selbständig ihr Geld in der Fabrik, als Näherin oder Wäscherin verdienten. Diese Frauen lebten allein, mitunter auch mit Studenten oder Künstlern im Pariser Quartier Latin zusammen.

12,2 *Argot:* hier: derbe französische Umgangssprache.

17,14 *Tirade:* Redeschwall.

17,21 *»Chien qui fume«:* »Au Chien qui fume« (»Zum Hund der raucht«) ist der Name eines traditionsreichen Pariser Restaurants.

19,9 *präraffaelitischen Gestalt:* nach der Kunstströmung der Präraffaeliten, einer Gruppe englischer Maler und Malerinnen, die sich Mitte des 19. Jahrhunderts gegen die an den Kunstakademien vorherrschende Malweise unter dem Fixstern des italienischen Renaissancemalers Raffael wandten und sich an der Kunst ›vor‹ (prä-) Raffael, also des Spätmittelalters, orientierten. Sie malten und zeichneten sehr realistisch, ihre Bildgestaltung nahm den Jugendstil vorweg. Typisch sind die wunderschönen, schlanken, langhaarigen Frauenfiguren. Bedeutende Vertreter der Malrichtung sind etwa John Everett Millais und Dante Gabriel Rossetti.

19,20 *Bois de Boulogne:* »Wald von Boulogne«; berühmter großer Pariser Stadtpark, im Westen der Stadt gelegen.

19,22 *Fiaker:* (österr.) zweispännige Lohnkutsche; auch der Kutscher selbst heißt Fiaker; so benannt nach dem ersten Pariser Lohnkutschen-Standplatz in der Rue de Saint Fiacre.

20,23 *Frondienste:* Fron/Frondienst: aufgezwungene Mühsal; ursprünglich im Feudalsystem verpflichtende, unentgeltliche Dienstleistung des Bauern für seinen Herrn.

26,3 *Hotel garni:* Hotel, das Beherbergung und Frühstück, aber kein warmes Essen anbietet.

27,23 *wie eine Salzsäule:* vor Schreck erstarrt und bewegungslos; von der alttestamentlichen Geschichte (Genesis 19,1–26) des Lot aus der Stadt Sodom. Gott überzieht die Städte Sodom und Gomorra wegen ihrer Sündhaftigkeit mit Schwefel und Feuer, doch Lot wird mit seiner Frau und seinen beiden Töchtern gerettet. Als seine Frau sich gegen Gottes Gebot nach den zerstörten Städten umschaut, erstarrt sie zur Salzsäule.

28,4 *Garçon:* (frz.) Junge, junger Mann, Kellner.

29,24 *Bock:* erhöhter Sitz des Kutschers.

34,10 f. *griechisch-katholischen Trauung, die der protestantischen folgte:* eine kirchliche Hochzeit erst nach evangelischem (vermutlich lutherischem) Ritus, dann nach ostkirchlichem bzw. byzantinischem griechischen Ritus. Innerhalb der griechischen Kirche haben sich zwei Zweige entwickelt: die griechisch-orthodoxe Kirche, die dem Ökumenischen Patriarchat unterstellt ist, und die griechisch-katholische Kirche, die zwar nach ostkirchlichem Ritus feiert, aber den Papst anerkennt und mit der römisch-katholischen Kirche uniert ist. Letztere, die auch in Russland Mitglieder hat, ist hier gemeint.

36,2 *konsterniert:* bestürzt.

40,12 *maison meublée:* (frz.) möbliertes Haus.

Newskij-Prospekts: eine 4,5 km lange Prachtstraße in St. Petersburg, an der Aristokraten ihre stattlichen

Häuser hatten; angelegt als West-Ost-Achse (Prospekt), die die Admiralität der Marine im Westen mit dem Alexander-Newskij-Kloster im Osten der Stadt verbindet.

40,24 *Eremitage:* das direkt an der Newa gelegene St. Petersburger Kunstmuseum ist eines der bedeutendsten Museen der Welt; zu dem mehrere Gebäude umfassenden Komplex, die meisten nach Entwürfen italienischer, französischer und deutscher Architekten im klassizistischen Stil gebaut, gehört auch der barocke Winterpalast, die Hauptresidenz der russischen Zaren. Den Grundstein für die Sammlung hatte 1764 Katharina die Große gelegt.

41,4 f. *Admiralität:* klassizistisches Gebäude in St. Petersburg; ursprünglich von Peter dem Großen im 18. Jahrhundert als Werft gebaut. Heute beherbergt der Gebäudekomplex das Oberkommando der russischen Marine. Die Admiralität ist Ausgangspunkt mehrerer Straßenachsen (Prospekten).

41,12 *Magazine:* hier: Warenhäuser.

41,21 f. *Alexander-Newskij-Kloster:* im Osten von St. Petersburg am Ende des Newskij-Prospektes gelegenes russisch-orthodoxes Kloster, erbaut im 18. Jahrhundert.

43,4 *jour fixe:* (frz.) regelmäßiges wöchentliches Treffen einer festen Personengruppe.

43,12 *Bibermuff:* röhrenförmiges Kleidungsstück zum Schutz vor Kälte, in das die Hände von beiden Seiten hineingesteckt werden können; hier aus Biberpelz.

44,10 *Rekonvaleszentin:* von einer Krankheit Genesende.

46,9 *Kasan'schen Kathedrale:* Die Kasaner Kathedrale, so benannt nach dem Ikonentyp »Gottesmuter von Kasan«, ist eine große russisch-orthodoxe Kirche am Petersburger Newskij-Prospekt. Sie wurde im 19. Jahrhundert nach dem Vorbild des römischen Petersdoms erbaut.

46,14–16 *Lermontows »Dämon«: die Verführung Tamaras durch den Dämon, ihre Hingabe an ihn, ihr Tod durch ihn:* Gemeint ist Michail Jurjewitsch Lermontows Langgedicht *Der Dämon* (1838), in dem ein gefallener Engel, der »Dämon«, sich in das Mädchen Tamara verliebt. Er verfolgt sie in seinem Liebeswahn bis ins Kloster, wohin sie sich vor ihm geflüchtet hatte. Tamara gibt seinem Werben schließlich nach, erwidert die Liebe und stirbt unter seinem sengenden Kuss.

47,12 *bengalische Beleuchtung:* effektvolle farbige Beleuchtung durch abbrennendes Feuerwerk oder Fackeln; so benannt nach den bengalischen Fürstenhöfen, die auf diese Weise bunt beleuchtet wurden.

51,18 *Exponiert:* ausgesetzt, hervorgehoben.

56,6 *Orenburger Wollgewebe:* aus feiner Kaschmirziegenwolle locker gestrickte, leichte Wollschals aus der russischen Region Orenburg (an der Grenze zu Kasachstan).

56,23 *C'est convenu. N'en parlons plus:* (frz.) Es ist abgemacht. Reden wir nicht mehr darüber.

60,7f. *Isaakskathedrale:* Kathedrale des heiligen Isaak von Dalmatien, die größte Kirche St. Petersburgs. Nachdem Vorgängerbauten abgebrannt bzw. nicht fertiggestellt worden waren, wurde die heutige Kirche in der ersten Hälfte des 19. Jahrhunderts von dem französischen Architekten Auguste de Montferrand gebaut.

62,16 *Sphinxhaftigkeit:* Rätselhaftigkeit; nach der Sphinx aus der griechischen Sage, dargestellt als geflügelter Löwe mit dem Oberkörper einer Frau, die jeden tötete, der ihre Rätsel nicht lösen konnte.

62,24 *chambres meublées:* (frz.) möblierte Zimmer.

69,4 *Bagatellen:* unbedeutende Kleinigkeiten.

72,21 *Tatarenkellner:* Tataren: überwiegend muslimisches turksprachiges Volk, das neben den Russen die größte Bevölkerungsgruppe Russlands bildet. Tataren leben außer in Russland auch in Sibirien, Polen, der Ukraine und Belarus.

85,21 *Souper:* (frz.) Abendessen.

104,23 f. *Sakrilegium:* (lat.) Vergehen gegen etwas Heiliges, Entweihung.

105,18 f. *Kattunmorgenrock:* Morgenrock aus dicht gewebter Baumwolle.

106,6 *Ottomane:* sofaartige, gepolsterte Sitzbank mit abgerundeten Armlehnen.

109,2 *taxieren:* schätzen, prüfend anschauen.

115,3 f. *ewige Lämpchen vor dem üblichen Muttergottesbild:* Das Ewige Licht symbolisiert die immerwährende Gegenwart Gottes. In römisch-katholischen Kirchen brennt es vor dem Tabernakel, in dem die geweihten Hostien aufbewahrt werden, in orthodoxen Kirchen vor der Ikonastase, der Ikonenwand, die den Altarraum vom Kirchenschiff, dem Bereich der Gläubigen, trennt. Hier brennt das Ewige Licht vor einem Bild (vermutlich einer Ikone), das Maria und ihren Sohn Jesus zeigt.

Nachbemerkung

Max Werner, ein junger, gerade promovierter Psychologe aus Österreich, verbringt ein paar Urlaubstage im spätsommerlichen Paris. In einem Café, das er eines Abends mit Bekannten besucht, lernt er Fenia, von den gemeinsamen Bekannten auch Fenitschka genannt, kennen, eine junge russische Philosophiestudentin: »In ihrem schwarzen nonnenhaften Kleidchen, das fast drollig unpariserisch ihre mittelgroße ganz unauffällige Gestalt umschloss und eine beliebte Tracht vieler Züricher Studentinnen sein sollte, machte sie zunächst auf ihn keinerlei besonderen Eindruck. Er musterte sie nur näher, weil ihn im Grunde alle Frauen ein wenig interessierten«. Doch fallen ihm »ihre intelligenten braunen Augen auf, die jeden Gegenstand eigentümlich seelenoffen und klar – und jeden Menschen wie einen Gegenstand – anschauten«. Doch durch einen Vorfall am Nebentisch wird seine Neugier geweckt: Eine Grisette wird von der mit ihr am Tisch sitzenden Gesellschaft angepöbelt, doch keiner der Umsitzenden nimmt davon Notiz, niemand verteidigt die Frau. Nur Fenitschka beobachtet das Geschehen aufmerksam und nimmt mit der Grisette Blickkontakt auf. Diese findet in den Augen der Russin Verständnis, Wärme und »Aufrichtung«. Die Situation kehrt sich plötzlich um, und die Begleiter der Grisette verlassen schließlich ihrerseits gedemütigt das Lokal. Was ist das für eine erstaunliche junge Frau, die so offen, unvoreingenommen und ohne Rücksicht auf Konventionen Anteil nimmt!

Max Werner begleitet Fenitschka anschließend nach Hause, auf dem Weg kommt es zwischen den beiden zu einer interessanten Diskussion über den Wert des Studiums. Während er das Studium als eine Erkenntnistätigkeit empfindet, die an der »Wirklichkeit des Lebens« vorbeigeht, versteht Fenitschka es als etwas, das ihr ganzes Leben erfasst und bereichert. Der junge Psychologe, neugierig, aber dennoch in seiner Sichtweise ganz in den gesellschaftlichen Konventionen seiner Zeit gefangen, hat Schwierigkeiten, Fenitschka zu verstehen. In seiner Welt sind es die Männer, die studieren und einen Beruf ergreifen, während Frauen heiraten. Er begegnet in Fenitschka zum ersten Mal einer Frau, die sich mit diesem vorgegebenen Lebensweg nicht abfinden mag. Sie will sich nach ihrem Philosophiestudium und ihrer Promotion auf den Beruf als Lehrerin vorbereiten, der ihr Leben als alleinstehende berufstätige Frau ermöglichen soll. Außerdem zeigt Fenitschka nicht die ihr eigentlich zu Gebote stehende weibliche Zurückhaltung, sondern begegnet allen, auch Männern, mit großer Unbefangenheit. Max Werner deutet Fenitschkas Verhalten irrtümlicherweise als vermeintlich »geschlechtslosen Anstrich«, hinter dem sich sexuelle Offenheit verbergen müsse, und so kommt es in Max Werners Hotel, in das sie ihm ganz unbedarft folgt, zu einer unschönen Szene. Die junge Frau weist seine plötzliche Zudringlichkeit sehr definitiv, enttäuscht und mit angeekeltem Blick zurück. Max Werner verlässt das Zimmer, die gerade erst geknüpfte Bekanntschaft bricht ab.

Ein Jahr später sieht er Fenitschka überraschend in der russischen Provinz wieder, anlässlich der Hochzeit seiner Schwester mit einem russischen Adligen. Wieder ist er zugleich irritiert und angezogen von Fenitschka. Er begleitet sie schließlich nach St. Petersburg, wo er in ihrer Familie verkehrt; Fenitschka selbst lebt auch hier allein. Die beiden werden in ihren Gesprächen immer vertrauter miteinander, doch während Max Werner in seinem Verhältnis zu ihr zwischen Verliebtheit und Freundschaft schwankt, bleibt Fenitschka immer ganz klar. Eines Tages entdeckt er durch Zufall, dass Fenitschka sich heimlich mit einem Mann trifft. Sie erzählt Max Werner alles, entfaltet ihm ihre Vorstellung von Liebe, die sie frei leben möchte, ohne dadurch in eine Ehe gezwungen zu werden, nur um ihr gesellschaftliches Ansehen zu wahren. Als Fenitschkas Liebhaber auf eine Ehe drängt, verlässt sie ihn unter einem Vorwand. Max Werner wird unfreiwilliger Zeuge dieser herzzerreißenden Szene. »Zwei Tage später reiste er aus Russland fort, ohne Fenitschka wiedergesehen zu haben. Sie wollte es so.«

Psychologisch genau und sehr atmosphärisch erzählt Lou Andreas-Salomé von den Versuchen einer jungen Frau um 1900, zu lieben und dennoch ihre Unabhängigkeit zu wahren. Dabei erfahren Leserinnen und Leser von den Begebenheiten und Gesprächen nicht aus Fenitschkas Sicht, vielmehr berichtet darüber eine Erzählerstimme, die in auffälliger Weise Max Werners Perspektive einnimmt. Wir nehmen also beim Lesen nicht nur an Fenitschkas Leben und Denken durch die Brille des sehr genau beobachtenden jungen Psychologen teil, sondern lernen mindestens ebenso viel über ihn selbst. Denn im Fortgang des Geschehens, in der Auseinandersetzung mit Fenitschka und während die Freundschaft der beiden immer ehrlicher und vertrauter wird, fängt Max Werner an, seine zuvor unangefochtene Stellung als Mann zu überdenken. Gleichzeitig erfahren wir einiges über gesellschaftliche Debatten um die Jahrhundertwende, an denen die Autorin selbst rege Anteil genommen hat.

Louise von Salomé kommt 1861 in St. Petersburg als Tochter eines hochrangigen, von Zar Nikolaus I. geadelten Offiziers aus hugenottisch-südfranzösischer Familie und einer norddeutsch-dänischen Mutter zur Welt. Wie Fenitschka in der Erzählung strebte Lou von Salomé schon als junges Mädchen nach Bildung und Unabhängigkeit. 1880, zwei Jahre nach dem Tod des Vaters, zieht sie mit ihrer Mutter nach Zürich, wo sie Vorlesungen in Philosophie, Psychologie und Theologie besucht. Zürich ist damals eine der wenigen Universitäten, die Frauen zum Studium zulassen. Ein Lungenleiden zwingt sie 1882 zum Umzug in eine wärmere Umgebung, nach Rom. Dort kommt sie in Kontakt mit einem Kreis deutscher Künstler und Intellektueller, zu dem auch die Philosophen Paul Rée und Friedrich Nietzsche gehörten.

Beide verlieben sich in die faszinierende junge Frau, werben um sie, wollen sie heiraten. Lou von Salomé lehnt ab, denn sie hat die Vorstellung einer Lebens- und Arbeitsgemeinschaft zu dritt. Nietzsche zerbricht fast daran. 1886 lernt Lou von Salomé den Orientalisten Friedrich Carl Andreas kennen, den sie 1887 zwar heiratet, doch sie besteht auf einer reinen Zweckgemeinschaft ohne nähere Bindung. Mit ihm wohnt sie zunächst in Berlin, später bis zu ihrem Tod 1937 in Göttingen. Lou Andreas-Salomé führt die ganze Zeit ein freies, selbstbestimmtes Leben, reist, pflegt Kontakte zu zahlreichen bekannten Autorinnen und Autoren, unterhält Briefwechsel, schreibt. Die beiden einschneidendsten Begegnungen ihres Lebens sind sicher die mit Sigmund Freud, der sie mit der Psychoanalyse bekannt macht, und vor allem mit dem Dichter Rainer Maria Rilke. Mit dem über zehn Jahre jüngeren Mann geht sie eine Liebesbeziehung ein, die sie selbst und ihn tief prägt. Doch auch dieses Verhältnis löst sie wieder, um ihre Autonomie zu wahren; befreundet bleiben die beiden bis zu Rilkes Tod.

Lou Andreas-Salomé ist vor allem für ihr außergewöhnliches, gesellschaftliche Grenzen überschreitendes Leben und als Muse berühmter Männer bekannt – hier ist sie als Autorin zu entdecken.

Inhalt